Colette Laberge

Plus de 30 tests
pour se préparer et réussir !

5ᵉ année FRANÇAIS

CAR
ACT
ÈRE

Illustrations : Agathe Bray-Bourret et Julien Del Busso
Conception graphique et mise en pages : Folio infographie
Couverture : Bruno Paradis
Illustration de la couverture : EyeWire Images
Révision : Audrey Faille
Correction d'épreuves : Richard Bélanger et Sabine Cerboni

Imprimé au Canada

ISBN 978-2-89642-408-5

Dépôt légal – Bibliothèque et Archives nationales du Québec, 2011

© 2011 Éditions Caractère inc.
1re impression

Canada

Visitez le site des Éditions Caractère
editionscaractere.com

TABLE DES MATIÈRES

Plus de 30 tests pour se préparer et réussir est un ouvrage qui s'adresse aux parents qui veulent aider leurs enfants à progresser dans leur cheminement scolaire. Ce livre vise à tester les connaissances de votre enfant et à vérifier quelles notions sont bien apprises et lesquelles nécessitent un peu plus de travail.

Nous avons divisé le livre en 16 sections qui couvrent l'essentiel du Programme de formation de l'école québécoise. Votre enfant pourra ainsi revoir à fond la majorité des notions apprises au courant de l'année scolaire. Vous n'avez pas à suivre l'ordre des sections. Vous pouvez travailler les sujets selon ce que votre enfant a déjà vu en classe.

Le principe est simple : un premier test portant sur une notion spécifique vous donnera une idée de ce que votre enfant connaît et des éléments qu'il ou elle doit travailler. Si le premier test est réussi, le test suivant, qui porte sur un autre sujet, peut alors être entamé. Si vous voyez qu'il ou elle éprouve quelques difficultés, une série d'exercices lui permettra d'acquérir les savoirs essentiels du Programme du ministère de l'Éducation, du Loisir et du Sport. Un deuxième test est donné après la première série d'exercices dans le but de vérifier la compréhension des notions chez votre jeune. Si ce test est réussi, le test suivant devient alors son prochain défi, sinon une autre série d'exercices lui permettra de s'exercer encore un peu plus. La plupart des 16 chapitres de cet ouvrage sont ainsi divisés.

Les exercices proposés sont variés et stimulants. Ils favorisent une démarche active de la part de votre enfant dans son processus d'apprentissage et s'inscrivent dans la philosophie du Programme de formation de l'école québécoise.

Cet ouvrage vous donnera un portrait global des connaissances de votre enfant et vous permettra de l'accompagner dans son cheminement scolaire.

Le corrigé de cette nouvelle édition vous fournit des explications sur la grammaire afin de mieux vous outiller pour aider votre enfant.

Bons tests !

Colette Laberge

1. Classe les mots suivants dans la bonne colonne.

acteur, Afrique, Australie, beau, bleu, chalet, chanceuse, chanter, chaud, confort, content, Corée, courir, crayon, dangereux, danser, délicieux, des, deuxième, dictionnaire, dormir, dresser, écouter, écrire, encre, enfant, Europe, fenêtre, feuille, frais, France, Gaspé, gens, hôtel, imprimer, Israël, jaloux, Jean, l', la, Laval, le, les, lire, Louise, ma, manger, mes, minutieuse, mon, Montréal, neuve, odorant, ouvrir, partir, Paul, payer, pays, père, photo, sa, Saint-Hyacinthe, sale, son, ta, taper, tasse, tes, ton, Turquie, un, une, vieille, vieillir, Zoé

Nom commun	Nom propre	Verbe	Adjectif	Déterminant

Test

1. **Complète les phrases suivantes en écrivant un nom propre (NP) ou un nom commun (NC).**

a) _____ (NP) et moi irons en voyage l'_____ (NC) prochain. Nous

hésitons entre (le, la, l') _____ (NP) et le Portugal.

b) _____ (NP) habite sur la rue Des Récollets à _____ (NP).

c) Les _____ (NC) de la _____ (NP) s'appellent des Français.

d) _____ (NP) lit un _____ (NC) sur les chevaux sauvages.

e) _____ (NP) a gagné le gros lot à la _____ (NC).

f) _____ (NP) compose une _____ (NC) sur le thème de l'amour.

g) On peut observer des bélugas dans le fleuve _____ (NP) près de Tadoussac.

h) Coralie a visité _____ (NP), la capitale du Canada.

i) L'équipe du (de la, de l') _____ (NP) a remporté la médaille d'or aux

_____ (NP) olympiques.

j) La _____ (NC) spatiale a atterri sur la planète _____ (NP).

2. **Souligne les noms communs et encercle les noms propres.**

amis   tasse   Grégoire   Cendrillon

Algérie   paysan   amour   Gentilly

Stéphanie   Finlandais   verre   cahier

3. **Souligne les noms et les déterminants dans le texte suivant.**

Les Français, les Québécois, les Belges et les Suisses partagent la même langue : le français. Ma tante Francine habite l'Algérie et elle m'a dit que les Algériens parlent aussi le français en plus de l'arabe. Il faut dire que l'accent québécois est différent de ceux des autres pays francophones.

4. Souligne les adjectifs et relie-les au mot qu'ils accompagnent.

Par un beau dimanche après-midi ensoleillé, Jennifer et Jason sont partis cueillir des champignons. Ils avaient revêtu des vêtements clairs parce qu'ils avaient entendu dire que les moustiques voraces étaient attirés par les couleurs sombres. Jennifer avait apporté un guide d'identification par mesure de précaution. Il faut faire attention parce que certains champignons sont très toxiques. Ils provoquent de douloureuses crampes ou peuvent même conduire à une mort horrible.

Après avoir soigneusement vérifié leur précieuse récolte, Jennifer et Jason ont cuisiné une délicieuse omelette aux champignons. Le ventre rebondi, ils sont allés faire une promenade pour digérer ce succulent festin.

5. Encercle les adjectifs parmi les mots suivants.

nuageux	mauve	joyeux	affreux
mensonge	honnête	grand	grandir
laid	laideur	chanter	fausser

6. Complète les phrases suivantes en utilisant un adjectif de ton choix.

a) Mes coéquipiers sont les _____ joueurs de la ligue provinciale.

b) Les fleurs du Jardin botanique sont _____.

c) J'ai acheté un livre _____.

d) C'est une journée _____ aujourd'hui.

e) Mes parents sont _____.

Exercices

7. Souligne tous les verbes dans le texte suivant.

LA NIXE OU LA DAME DES EAUX
Les frères Grimm

Un jeune garçon et sa petite sœur jouaient au bord d'une fontaine, et voilà qu'ils tombèrent dedans. Au fond, il y avait une nixe. C'est le nom qu'on donne à ces dames des eaux.

— À présent, je vous tiens, leur dit-elle, et vous allez maintenant travailler dur pour moi! Elle les entraîna avec elle. À la fillette, elle donna à filer de la vilaine filasse toute sale et tout emmêlée, et aussi à porter de l'eau dans un tonneau sans fond ; le garçonnet, lui, eut à couper un arbre avec une hache ; mais pour toute nourriture, les enfants n'avaient que des boulettes dures comme de la pierre. Ce régime et ces travaux exaspérèrent les enfants à tel point qu'ils attendirent le dimanche, quand la dame des eaux se rendait à la messe, et alors ils s'enfuirent.

À son retour de l'église, la nixe vit que les oiseaux n'étaient plus au nid et se lança à leur poursuite avec des bonds énormes. Mais les enfants la virent venir de loin, et la fillette jeta une brosse derrière elle ; la brosse se multiplia et se dressa en une immense montagne de brosses avec une infinité de piquants, des milliers et des milliers de piquants pointus que la nixe dut escalader à grand-peine, mais qu'elle finit tout de même par escalader. Voyant qu'elle avait franchi ce mont des Brosses, le garçonnet jeta derrière lui un peigne, qui devint un énorme mont des Peignes avec des milliers de milliers de dents pointues dressées devant la nixe. Mais elle savait se tenir sur ces dents et elle finit par franchir le mont des Peignes.

Alors, la fillette jeta derrière elle un miroir qui donna une montagne de miroirs, mais si brillants, si polis et si lisses que jamais elle ne put s'y tenir et monter dessus.
— Je vais vite rentrer à la maison prendre ma hache, pensa la nixe, et je briserai ce mont des Glaces.

Mais, par le temps qu'elle revienne, les enfants avaient pris le large et s'étaient enfuis bien plus loin, si bien que la dame n'eût plus qu'à retourner vivre dans sa fontaine.

Exercices

1. **Observe chaque mot souligné, puis indique au-dessus s'il s'agit d'un verbe (V), d'un nom commun (NC), d'un nom propre (NP), d'un adjectif (A) ou d'un déterminant (D).**

LA CLEF D'OR
Les frères Grimm

Un hiver, comme le pays tout entier était recouvert de neige, on envoya un pauvre garçon chercher du bois. Avant même d'en avoir ramassé et d'en avoir chargé sa luge, il était déjà gelé comme une grive. Il se dit alors qu'avant de rentrer à la maison, il allait allumer un petit feu pour se réchauffer. Il écarta la neige et, en tâtonnant par terre, il trouva une petite clef d'or. « Une clef n'est jamais loin d'une serrure », se dit-il. Il commença à gratter de plus en plus profondément et, en effet, il découvrit une petite boîte en fer. « Pourvu que la clef puisse l'ouvrir, pensa-t-il, elle contient certainement des objets de grande valeur. » Il chercha le trou de la serrure, mais ne le trouva pas ; il finit toutefois par le découvrir ; mais le trou était si petit que le garçon faillit ne pas le voir. Il essaya la clef et, par bonheur, c'était la bonne. Il la fit tourner une fois — et maintenant, nous devons attendre qu'il ouvre complètement et qu'il soulève le couvercle ; ce n'est qu'après que nous saurons quels trésors il a trouvés dans la boîte.

2. **Écris au-dessus de chaque mot souligné s'il s'agit d'un adjectif (A), d'un nom commun (NC), d'un nom propre (NP), d'un verbe (V) ou d'un déterminant (D).**

a) Les enfants turbulents font du grabuge à l'école Félix-Leclerc.

b) Marie-Josée cultive des tomates roses dans le jardin de ses parents.

c) Henri connaît le nom des sept merveilles du monde.

d) Les jeunes ballerines dansent sur la scène de la Place-des-Arts.

Test

1. Souligne les verbes qui ne sont pas à l'infinitif dans le texte suivant.

LE BISON D'AMÉRIQUE

Avant l'arrivée des Européens en Amérique du Nord, on comptait environ 50 millions de bisons sur notre continent. La conquête de l'Ouest, la construction de chemins de fer ainsi que la chasse à outrance ont contribué à la diminution de la population de bisons. William Cody, surnommé Buffalo Bill, aurait massacré, en l'espace de 18 mois seulement, 4280 bisons.

Aujourd'hui, environ 250 000 bisons évoluent dans des parcs animaliers, des zoos, des réserves naturelles, mais la grande majorité se trouve sur des fermes d'élevage où on les abat pour leur viande. Les parcs Yellowstone, aux États-Unis, et Wood Buffalo, au Canada, sont les seuls endroits où les bisons vivent en liberté.

Ce symbole des grandes plaines d'autrefois mesure de 2 m à 3,50 m et pèse jusqu'à 1000 kilos. Malgré sa taille et son poids imposants, le bison peut atteindre 60 km/h à la course.

Les femelles et les petits vivent en groupe, une femelle dominante règne sur le troupeau. Le mâle, quant à lui, est solitaire et rejoint le groupe à la saison de reproduction.

2. Transcris les verbes que tu as soulignés. Ensuite, écris ces verbes à l'infinitif.

Verbe conjugué	Verbe à l'infinitif
a)	
b)	
c)	
d)	
e)	
f)	
g)	
h)	
i)	
j)	
k)	
l)	
m)	
n)	
o)	
p)	

Exercices

3. Écris deux courtes phrases en utilisant le même mot selon la classe demandée. Tu peux te servir du dictionnaire.

	Nom	Adjectif
a) africain	Les Africains font une fête.	Le peuple africain refuse l'augmentation de taxe.
b) plat		
c) aborigène		
d) fin		
e) pauvre		
f) menteur		
g) nordique		
h) premier		
i) commode		
j) complet		
k) créateur		
l) faux		
m) rêveur		
n) surprise		
o) secret		
p) idiot		
q) protecteur		
r) hôtelière		
s) intrigant		
t) sage		

Exercices

4. Écris les déterminants qui conviennent. Utilise chaque mot de la liste. Ensuite, relie le déterminant au nom qu'il accompagne.

trois   toutes les   la   chaque   cette   les   ces   beaucoup de

_____ personnes se sont rendues à _____ foire agricole.

_____ frénésie qui y régnait me rendait heureux. Les _____ premiers

manèges m'ont donné mal au cœur. Ensuite, j'ai visité _____ bâtiments où

logeaient les animaux. _____ bêtes que j'ai vues étaient magnifiques.

_____animaux avaient été lavés et brossés. _____ poil luisait.

5. Écris si le mot en caractères gras est un verbe ou un nom.

NOUS NOUS ÉTALONS (extrait)
Alphonse Allais

Nous nous **étalons**   _____

Sur des **étalons**.   _____

Et nous **percherons**   _____

Sur des **percherons**!   _____

C'est nous qui **bâtons**,   _____

À coup de **bâtons**,   _____

L'âne des **Gottons**   _____

Que nous **dégottons**!...   _____

Mais nous l'**estimons**   _____

Mieux dans les **timons**.   _____

Nous nous **marions**   _____

À vous **Marions**   _____

[...]

Pour manger, **visons**   _____

Au front des **visons**,   _____

Pour boire, **lichons**   _____

L'âpre eau des **lichons**.   _____

Ce que nous **savons**   _____

C'est grâce aux **savons**   _____

Que nous **décochons**   _____

Au gras des **cochons**.   _____

Exercices

1. Coche la bonne case.

Verbe	Passé composé	Futur simple	Imparfait
a) Je suis allé en voyage.			
b) Nous avions un canot bleu.			
c) Ils ont payé la totalité avant de partir.			
d) Elles ont dansé la samba.			
e) Il en voudra plus.			
f) Ça sentait bon dans la maison.			
g) Nous verrons un spectacle de magie.			
h) Nous regardions les étoiles.			
i) Nous avons été invités à une réception.			
j) Ils chantaient en chœur.			
k) Je voulais des patins à roulettes.			
l) Tu as pris l'avion.			
m) Tu as consulté le mauvais livre.			
n) Tu installeras la tente avant notre arrivée.			
o) Nous n'aimions pas les canapés.			
p) Ils ont couru un marathon.			
q) Elles désiraient acheter des chaussettes.			
r) Je partirai dès que vous serez là.			
s) Nous avons réussi le test.			

Test

1. Conjugue les verbes au passé composé.

a) J' (joindre) _____ mon ami au téléphone.

b) Tu (mettre) _____ ton manteau d'hiver.

c) Les humoristes (finir) _____ leur spectacle.

d) Nous (rendre) _____ le livre à la bibliothèque.

e) Marie et Patrick (suivre) _____ la piste du chevreuil.

f) Il (neiger) _____ toute la journée.

g) Le marchand (peser) _____ les fruits et les légumes.

h) Vous (appeler) _____ à l'aide.

i) Elles (acheter) _____ un téléphone cellulaire.

j) J'(croire) _____ à son histoire abracadabrante.

k) Nous (fuir) _____ à toutes jambes devant l'ours.

l) Ils (recevoir) _____ leurs billets d'avion par la poste.

m) Ils (prendre) _____ des bonbons dans le bocal.

n) Tu (fatiguer) _____ après une journée à La Ronde.

o) Vous (avoir) _____ une bicyclette et une trottinette.

p) Les athlètes (gagner) _____ plusieurs médailles.

q) Tu (donner) _____ un présent à tes parents.

r) Ils (discuter) _____ d'un sujet important.

2. Conjugue les verbes suivants à l'imparfait.

a) **être**

J' _____

Tu _____

Il/elle/on _____

Nous _____

Vous _____

Ils/elles _____

b) **avoir**

J'_____

Tu _____

Il/elle/on _____

Nous _____

Vous _____

Ils/elles _____

c) **étudier**

J' _____

Tu _____

Il/elle/on _____

Nous _____

Vous _____

Ils/elles _____

d) **dire**

Je _____

Tu _____

Il/elle/on _____

Nous _____

Vous _____

Ils/elles _____

e) **avancer**

J'_____

Tu _____

Il/elle/on _____

Nous _____

Vous _____

Ils/elles _____

f) **ouvrir**

J' _____

Tu _____

Il/elle/on _____

Nous _____

Vous _____

Ils/elles _____

g) **dormir**

Je _____

Tu _____

Il/elle/on _____

Nous _____

Vous _____

Ils/elles _____

h) **pouvoir**

Je _____

Tu _____

Il/elle/on _____

Nous _____

Vous _____

Ils/elles _____

i) **devoir**

Je _____

Tu _____

Il/elle/on _____

Nous _____

Vous _____

Ils/elles _____

Exercices

3. Conjugue les verbes suivants au futur simple.   *~~sommes~~*

a) être   *~~FUT~~* / *Cond.Pres* / *IMP.* / *prés*

- Je _serai_ ✓
- Tu _serais_ ✓
- Il/elle/on _était_ ✓
- Nous _sommes_
- Vous _êtes_
- Ils/elles _sont_

b) avoir   *prés* / *cond* / *fut* / *imp*

- J' ~~ai~~ ✓
- Tu _as_ ✓
- Il/elle/on _aurait_ ✓
- Nous _aurons_ ✓
- Vous _auriez_ ✗
- Ils/elles _____

c) ~~changer~~ *Jouer*   *prés* / *imp.* / *Cond.* / *FuT*

- Je _____ ✓
- Tu _joues_ ✓
- Il/elle/on _____
- Nous _jouions_
- Vous _jouiez_ ✓
- Ils/elles _joueront_

d) ~~écrire~~ *étudier*   *prés* / *cond.* / *imp.* / *FuT*

- J' _étudie_ ✓
- Tu _____
- Il/elle/on _étudierai_ *FuT*
- Nous _étudions_ ✓
- Vous _____ *près*
- Ils/elles _étudièrent_ / _ront_ *cond*

e) ~~appeler~~ *Dire*   *imp.*

- J' _____
- Tu _dir_
- Il/elle/on _____
- Nous _____
- Vous _____
- Ils/elles _____

f) ~~haïr~~ *Prendre*   *imp* / *FuT* / *cond.* / *prés*

- J'e _____
- Tu _____
- Il/elle/on _____
- Nous _____
- Vous _____
- Ils/elles _____

g) ~~danser~~ *Aller*   *prés* / *prés* / *imp* / *cond.* / *FuT*

- Je _vais_ ✗
- Tu _vas_ ✓
- Il/elle/on _____ ✓
- Nous _allions_ *près*
- Vous _alliez_ ✗ *cond*
- Ils/elles _allont_ ✗ *imp* / _iront_

h) ~~courir~~ *Placer*   *FuT*

- Je _____
- Tu _____
- Il/elle/on _____
- Nous _____
- Vous _____
- Ils/elles _____

i) subir

- Je _____
- Tu _____
- Il/elle/on _____
- Nous _____
- Vous _____
- Ils/elles _____

Exercices

1. Écris à quel temps sont conjugués les verbes suivants.

a) Elle composera une chanson. _____

b) Ils ont dormi à la belle étoile. _____

c) Autrefois, nous écrivions au père Noël. _____

d) Elle protégera le butin. _____

e) Je vêtirai mon habit bleu. _____

f) Nous avons vécu toute une aventure. _____

g) Ils sauront quoi faire. _____

2. Écris à quel temps sont conjugués les verbes en gras.

J'ai participé _____ à un concours. J'**étais** _____

certaine de gagner le voyage. Malheureusement, quelqu'un d'autre **est allé** _____

_____ à ma place.

3. Écris les verbes au passé composé.

a) Je (aller): _____   b) Tu (changer): _____

c) Il (devoir): _____   d) Nous (éteindre): _____

4. Termine le verbe en ajoutant la terminaison. Les verbes sont à l'imparfait.

a) Je craign_____ de rencontrer le chien du voisin.

b) Vous fais_____ un château de sable.

c) Elles moul_____ du café pour tous les invités.

d) Tu suffi_____ à peine à rencontrer les exigences du programme de sport.

e) Nous viv_____ à la campagne il y a quelques années.

f) Elle voy_____ à peine plus loin que le bout de son nez.

Test

1. Écris les verbes au futur simple.

a) Elle (voler) _____ de ses propres ailes quand elle sera prête.

b) Tu (inclure) _____ tous les documents nécessaires.

c) Ils (soustraire) _____ de votre achat la marchandise que vous avez brisée.

d) Vous (accomplir) _____ un grand exploit en gravissant le mont Everest.

e) Ils (balayer) _____ toutes les pièces de la nouvelle maison.

f) Tu (passer) _____ par Paris avant d'aller à Venise.

g) Elles (ligoter) _____ les vilains bandits et les cow-boys.

h) Vous (salir) _____ vos vêtements et la pièce avec cette peinture.

i) Elle (semer) _____ plusieurs variétés de fleurs et de légumes dans le jardin.

j) Nous (jaillir) _____ de la boîte pour lui faire une surprise.

k) J' (emplir) _____ tous les bols de soupe avant votre arrivée.

l) Nous (avancer) _____ difficilement dans les sables mouvants.

m) J' (écrire) _____ à mes parents et à mes amis tous les jours.

n) Tu (finir) _____ de peindre la cuisine avant de peindre le salon.

o) Il (fournir) _____ toutes les denrées nécessaires pour le groupe.

p) Nous (pouvoir) _____ voir les montagnes de notre chambre.

q) Vous (exprimer) _____ votre opinion sur le sujet.

r) Je (laver) _____ les murs du salon.

s) Tu (fermer) _____ les portes et les fenêtres.

t) Elle (écouter) _____ le discours du premier ministre.

u) Nous (casser) _____ les branches mortes.

Exercices

2. Compose une phrase avec le verbe *danser* au futur simple.

_____

3. Compose une phrase avec le verbe *naître* à l'imparfait.

_____

4. Compose une phrase avec le verbe *dire* au passé composé.

_____

5.   Transforme les phrases suivantes au futur simple.

a) J'ai gardé le chien de ma voisine durant une longue période.

_____

b) Tu as changé tous les meubles de place sans permission.

_____

c) Nous avons construit un train avec des bâtonnets.

_____

d) Elles ont pelleté l'entrée du garage du voisin.

_____

e) Il a oublié son devoir de mathématique à la maison.

_____

f) Vous avez écouté le nouveau disque du groupe de l'école.

_____

g) Nous avons placé toutes les chaises dans le gymnase de l'école.

_____

h) Ils ont cuit du macaroni au fromage.

_____

Exercices

6. Conjugue les verbes suivants au passé composé.

a) **être**

J' *ai été*

Tu *as été*

Il/elle/on *a été*

Nous *avons été*

Vous *avez été*

Ils/elles *ont été*

b) **avoir**

J' *ai eu*

Tu *as eu*

Il/elle/on *a eu*

Nous *avons eu*

Vous *avez eu*

Ils/elles *sont eu*

c) **changer**

J' _____

Tu _____

Il/elle/on _____

Nous _____

Vous _____

Ils/elles _____

d) **écrire**

J' _____

Tu _____

Il/elle/on _____

Nous _____

Vous _____

Ils/elles _____

e) **appeler**

J' _____

Tu _____

Il/elle/on _____

Nous _____

Vous _____

Ils/elles _____

f) **haïr**

J' _____

Tu _____

Il/elle/on _____

Nous _____

Vous _____

Ils/elles _____

g) **subir**

J' _____

Tu _____

Il/elle/on _____

Nous _____

Vous _____

Ils/elles _____

h) **pouvoir**

J' _____

Tu _____

Il/elle/on _____

Nous _____

Vous _____

Ils/elles _____

i) **casser**

J' _____

Tu _____

Il/elle/on _____

Nous _____

Vous _____

Ils/elles _____

Exercices

1. Coche la bonne case.

Verbe	Participe présent	Conditionnel présent	Subjonctif présent
a) que je mange			
b) je danserais			
c) expédiant			
d) ils chercheraient			
e) mentant			
f) que nous soyons			
g) nous permettrions			
h) qu'il chante			
i) écrivant			
j) que vous mentiez			
k) tu ouvrirais			
l) je garderais			
m) étant			
n) que je prenne			
o) que nous rêvions			

Test

1. Conjugue les verbes à la personne et au temps demandés.

a) Si je ne me tenais pas à la rampe, je (*tomber*, cond. prés.) _____ par terre.

b) N'(*écarter*, participe présent) _____ aucune possibilité, il a parlé à tout le monde.

c) Il faut que je (*palper*, subj. présent) _____ vos jambes pour voir si vous êtes blessée.

d) Que nous (*noircir*, subj. présent) _____ tous les carrés ne nous aidera pas.

e) Que vous (*mâcher*, subj. présent) _____ toutes les feuilles de cet arbre ne vous enlèvera pas l'appétit.

f) Ils (*inventer*, cond. prés.) _____ une machine à voyager dans le temps s'ils en étaient capables.

g) Tout en (*organiser*, participe présent) _____ le spectacle, Pascale travaillait au dépanneur.

h) (*parler*, participe présent) _____ de Sophie, la voilà.

i) Que nous (*tasser*, subj. présent) _____ les meubles m'arrangerait.

j) Elle ne (*puer*, cond. prés.)_____ pas tant si une mouffette ne l'avait pas arrosée.

k) Que nous (*sauter*, subj. présent) _____ à la corde toute la nuit ne fera pas de nous des championnes.

l) Tout en (*épouser*, participe présent) _____ la cause des sans-abri, Mathieu aidait les enfants dans le besoin.

m) Qu'ils (*déduire*, subj. présent) _____ les points en trop n'est que justice.

Exercices

2. Conjugue les verbes suivants au conditionnel présent.

a) **être**

Je _serais_

Tu _serais_

Il/elle/on _serait_

Nous _serions_

Vous _seriez_

Ils/elles _seraient_

b) **avoir**

J' _aurais_

Tu _aurais_

Il/elle/on _aurait_

Nous _aurions_

Vous _auriez_

Ils/elles _auraient_

c) **aller**

J' _irais_

Tu _irais_

Il/elle/on _irait_

Nous _irions_

Vous _iriez_

Ils/elles _iraient_

d) **critiquer**

Je _____

Tu _____

Il/elle/on _____

Nous _____

Vous _____

Ils/elles _____

e) **dormir**

Je _____

Tu _____

Il/elle/on _____

Nous _____

Vous _____

Ils/elles _____

f) **pouvoir**

Je _pourrais_

Tu _pourrais_

Il/elle/on _pourrait_

Nous _pourrions_

Vous _pourriez_

Ils/elles _pourraient_

3. Écris le participe présent des verbes suivants.

a) dormir: _____

b) être: _____

c) courir: _____

d) venir: _____

e) aimer: _____

f) ouvrir: _____

g) dire: _____

h) vouloir: _____

i) danser: _____

j) savoir: _____

k) aller: _____

l) apercevoir: _____

Exercices

4. Conjugue les verbes suivants au subjonctif présent.

a) **être**

Que je _sois_

Que tu _sois_

Qu'il/elle/on _soit_

Que nous _soyons_

Que vous _soyez_

Qu'ils/elles _soient_

b) **avoir**

Que j' _aies_

Que tu _aies_

Qu'il/elle/on _aie_

Que nous _ayons_

Que vous _ayez_

Qu'ils/elles _aient_

c) **polluer**

Que je _____

Que tu _____

Qu'il/elle/on _____

Que nous _____

Que vous _____

Qu'ils/elles _____

d) **faiblir**

Que je _____

Que tu _____

Qu'il/elle/on _____

Que nous _____

Que vous _____

Qu'ils/elles _____

e) **garnir**

Que je _____

Que tu _____

Qu'il/elle/on _____

Que nous _____

Que vous _____

Qu'ils/elles _____

f) **attacher**

Que j' _____

Que tu _____

Qu'il/elle/on _____

Que nous _____

Que vous _____

Qu'ils/elles _____

5. Écris le participe présent des verbes suivants.

a) payer: _payant_   b) apprécier: _appréciant_   c) créer: _créant_

d) broyer: _broyant_   e) haïr: _haïant_   f) tenir: _tenant_

g) sentir: _sentant_   h) mettre: _mettant_   i) battre: _battant_

j) plaire: _plairant_   k) croire: _croirant_   l) boire: _boirant_

1. Écris à quel temps sont conjugués les verbes suivants.

a) Que je pense _____

b) Vous donneriez _____

c) Ils demanderaient _____

d) Valsant _____

e) Que vous partiez _____

f) Dormant _____

g) Vous protesteriez _____

h) Elles pêcheraient _____

2. Encercle les verbes au conditionnel présent dans le texte suivant.

Sacha voudrait bien acheter une nouvelle console de jeu. S'il le pouvait, il économiserait

son argent de poche, mais il le fait déjà pour aller à la classe verte avec l'école.

3. Écris les verbes suivants au participe présent.

a) conjuguer : _____

b) mouvoir : _____

c) mentir : _____

d) fermer : _____

e) observer : _____

f) finir : _____

4. Complète le verbe en ajoutant la terminaison. Les verbes sont au subjonctif présent.

a) Que je couvr_____ tous mes livres d'école ne servirait à rien. Je ne les abîmerai pas.

b) Il faut qu'elles observ_____ attentivement les illustrations du livre pour découvrir
les indices.

c) Alors que nous parl_____ , mes amis sont arrivés en trombe.

d) Que tu ment_____ nous concerne tous.

e) Que Marion et toi soy_____ en retard nous embête beaucoup.

f) Le professeur veut que vous remett_____ votre devoir demain.

g) Qu'ils dans_____ la rumba ou la salsa conviendra à tous.

Test

1. Écris le verbe à la personne et au temps demandés.

a) Tout en (*ouvrir*, participe présent) _____ son présent, Victor regardait
    la télévision.

b) Ils (*escalader*, conditionnel présent) _____ la montagne s'ils avaient
    leur équipement.

c) Je (*réduire*, conditionnel présent) _____ le montant de ton allocation
    si tu travaillais comme promeneur de chien.

d) Que la mère de ton amie (*donner*, subjonctif présent) _____ ses chiens
    ne nous concerne pas.

e) Tu (*écraser*, conditionnel présent) _____ les raisins avec tes pieds
    si le vigneron te le demandait.

f) Ta mère demande que tu (*dire*, subjonctif présent) _____ la vérité.

g) En (*avoir*, participe présent) _____ toujours votre passeport en main,
    vous n'aurez pas de problème.

h) Nous voulons que vous (*calculer*, subjonctif présent) _____ le montant
    de l'addition.

i) Que je (*tenir*, subjonctif présent) _____ le chien en laisse est important.

j) Elles sont arrivées sur la scène en (*oublier*, participe présent) _____
    leur micro.

k) La lionne (*rugir*, participe présent) _____ à toute force fonça sur
    le zèbre.

l) Je (*patienter*, conditionnel présent) _____ si j'en avais le temps.

m) Mon père (*isoler*, conditionnel présent) _____ le sous-sol s'il le pouvait.

Exercices

2. Écris les verbes suivants au participe présent.

a) embêter : _____

b) remiser : _____

c) raturer : _____

d) prêter : _____

e) emballer : _____

f) achaler : _____

g) aspirer : _____

h) baisser : _____

i) épuiser : _____

j) évider : _____

k) redire : _____

l) puer : _____

m) tenir : _____

n) sécher : _____

o) replier : _____

3. Remplis la grille en conjuguant les verbes au conditionnel présent à la personne demandée et trouve le mot caché dans l'une des colonnes.

a) *accepter*, 2e pers. sing.

b) *être*, 1re pers. plur.

c) *donner*, 2e pers. plur.

d) *jouer*, 3e pers. sing.

e) *vouloir*, 3e pers. sing.

f) *agacer*, 2e pers. sing.

g) *aimer*, 3e pers. plur.

h) *manger*, 1re pers. plur.

i) *remiser*, 2e pers. plur.

j) *avoir*, 1re pers. plur.

k) *lire*, 1re pers. plur.

4. Colorie les cases ayant un verbe au participe présent.

aimerais	voudrions	achète	cuisez	battions	dormis	écrivais
ai	lirais	buvez	aime	étudient	faire	manges
payer	ramassant	étudiant	disant	dormant	faisant	fuis
finis	ouvrant	plaçant	allant	broyant	jetant	crus
jetons	souffrant	connaissant	gelant	levant	passant	dus
vont	étant	pesant	cuisant	buvant	adorant	pèse
créais	trouvant	fournissant	mangeant	appelant	bouillant	écris
réglai	tenant	réglant	giflant	ligotant	comptant	protégeaient
envoyaient	suivant	courant	jouant	chantant	massant	disaient
narrer	servant	recevant	pouvant	naissant	lavant	cueillerai
assoyons	battu	chantez	devant	joindraient	fuirait	mettraient
envoyez	mangez	crois	plaisant	écrire	fallait	plairais
assoyais	gèles	cueillons	battant	connaissais	buviez	rirais
pesiez	vais	étudions	fuyant	faisons	deviez	viendrions
batte	protégions	disons	sautant	faut	font	vivrait
fabriquais	conduisit	prendrons	guérissant	rentrer	buvaient	connaissions
posséder	plaisions	ouvrirent	écrivant	haïs	finit	fendis
aurons été	dormait	dus	lisant	coudrai	assis	avancera
émus	appelai	aperçu	tapant	courut	dormit	écrivit
conduisais	congèlera	créions	vivant	tendu	lèvera	paierais
réaliser	bâtissons	amadouer	rageant	suspendu	mariez	rénove

Exercices

1. Souligne le radical et encercle la terminaison des verbes suivants.

a) ils oseront   b) tu entraîneras   c) ils déracinent   d) vous constatez

e) je pêcherai   f) vous négligiez   g) tu trottinais   h) elles conduiront

2. Accorde les participes passés employés avec *être*.

a) La maison est (décorer) _décorée_ avec goût.

b) Les voleurs sont (arrêter) _arrêtés_ par les policiers.

c) Marie et Sofia sont (coiffer) _coiffées_ avec goût.

d) Nous étions (encercler) _encerclés_ par de méchants pirates.

e) Mathieu et Vincent seraient (aller) _allés_ au cinéma, mais ils n'avaient pas d'argent.

3. Écris si les verbes suivants sont à l'indicatif présent ou à l'impératif présent.

a) range : _imp_   b) ils aiment : _ind_   c) allez : _imp_

d) il danse : _ind_   e) écris : _imp_   f) vous faites : _ind_

4. Regarde les deux premiers exemples d'accord du participe passé employé avec *avoir**. Choisis, parmi les réponses, la bonne façon d'écrire le participe passé. N'oublie pas que le participe passé employé avec *avoir* s'accorde en genre et en nombre avec le complément direct du verbe s'il est placé devant.

a) Les jouets que j'ai aimés ont été donnés à d'autres. (Pose-toi la question : « J'ai aimé quoi ? Les jouets ». Donc *aimé* s'accorde en genre et en nombre avec *jouets* parce qu'il est placé avant le verbe.)

b) J'ai mangé des bananes. (Pose-toi la question : « J'ai mangé quoi ? Des bananes. » Donc *mangé* ne s'accorde pas en genre et en nombre avec *bananes* parce qu'il est placé après le verbe.)

c) Les enseignantes que j'ai (*eues, eus, eu*) étaient toutes gentilles.

d) J'ai (*vu, vue*) une belle maison.

---

* Les règles d'accord du participe passé employé avec *avoir* ne sont pas au programme. Il s'agit d'exercices d'enrichissement.

Test

1. Conjugue les verbes suivants au présent de l'indicatif.

a) **être**

Je _suis_

Tu _es_

Il/elle/on _est_

Nous _sommes_

Vous _êtes_

Ils/elles _sont_

b) **avoir**

J' _ai_

Tu _as_

Il/elle/on _a_

Nous _avons_

Vous _avez_

Ils/elles _ont_

c) **faire**

Je _fais_

Tu _fais_

Il/elle/on _fait_

Nous _faisons_

Vous _faites_

Ils/elles _font_

d) ~~**dormir**~~ _partir_ (subj)

que Je _pars_

que Tu _pars_

que Il/elle/on _part_

que Nous _partions_

que Vous _partiez_

que Ils/elles _partent_

e) ~~**entendre**~~ _rendre_ p.s.

J' _rendis_

Tu _rendis_

Il/elle/on _rendit_

Nous _rendîmes_

Vous _rendîtes_

Ils/elles _rendirent_

f) ~~**posséder**~~ _Modeler_ p.s. obj

Je _modelai_

Tu _modelas_

Il/elle/on _modela_

Nous _modelâmes_

Vous _modelâtes_

Ils/elles _modelèrent_

2. Conjugue les verbes suivants à l'impératif présent. Ces verbes n'ont pas de sujet, et c'est pourquoi les personnes sont entre parenthèses.

a) **être**

(Tu) _sois_

(Nous) _soyons_

(Vous) _soyez_

b) **avoir**

(Tu) _aie_

(Nous) _ayons_

(Vous) _ayez_

c) **faire**

(Tu) _fais_

(Nous) _faisons_

(Vous) _faites_

Exercices

3. Encadre le radical et souligne la terminaison.

a) **construire**

Je construis

Tu construis

Il/elle/on construit

Nous construisons

Vous construisez

Ils/elles construisent

b) **surprendre**

Je surprends

Tu surprends

Il/elle/on surprend

Nous surprenons

Vous surprenez

Ils/elles surprennent

c) **consoler**

Je console

Tu consoles

Il/elle/on console

Nous consolons

Vous consolez

Ils/elles consolent

d) **construire**

(Tu) construis

(Nous) construisons

(Vous) construisez

e) **surprendre**

(Tu) surprends

(Nous) surprenons

(Vous) surprenez

f) **consoler**

(Tu) console

(Nous) consolons

(Vous) consolez

g) **céder**

(Tu) cède

(Nous) cédons

(Vous) cédez

h) **ouvrir**

(Tu) ouvre

(Nous) ouvrons

(Vous) ouvrez

i) **finir**

(Tu) finis

(Nous) finissons

(Vous) finissez

j) **manger**

(Tu) mange

(Nous) mangeons

(Vous) mangez

k) **devenir**

(Tu) deviens

(Nous) devenons

(Vous) devenez

l) **dire**

(Tu) dis

(Nous) disons

(Vous) dites

Exercices

4. Accorde les participes passés employés avec *être*.

a) Ils sont (ennuyer) _____ par cette histoire interminable.

b) Mélanie est (fatiguer) _____ de porter tous ces paquets.

c) Pietro est (embêter) _____ devant la complexité du casse-tête.

d) Nous sommes (malmener) _____ par les vents violents qui soufflent.

e) Sonia et toi êtes (interrompre) _____ sans cesse par d'autres élèves.

f) Vous êtes (absorber) _____ par vos tâches importantes.

g) Elles sont (bombarder) _____ de questions.

h) Brigitte et Laurent sont (effrayer) _____ par le chien menaçant.

i) Léa et Danielle sont (attaquer) _____ par des moustiques voraces.

j) Je suis (agacer) _____ par le bruit des voitures qui passent.

5. Choisis la bonne façon d'écrire le participe passé employé avec *avoir*. N'oublie pas que le participe passé employé avec *avoir* s'accorde en genre et en nombre avec le complément direct du verbe s'il est placé devant.

a) Les pommes que j'ai (cueillis, cueillies, cueilli) sont délicieuses. (Pose-toi la question : « J'ai cueilli quoi ? » _____ Est-ce que ce mot est placé avant ou après le verbe ?)

b) Les filles que j'ai (connu, connues, connus) au camp sont restées mes amies. (Pose-toi la question : « J'ai connu qui ? » _____ Est-ce que ce mot est placé avant ou après le verbe ?)

c) Les garçons ont (mangés, mangé) des pommes. (Pose-toi la question : « Les garçons ont mangé quoi ? » _____ Est-ce que ce mot est placé avant ou après le verbe ?)

entoure

1. ~~Souligne~~ les phrases dans lesquelles le participe passé employé avec *être* est bien accordé.

a) Nous sommes aveuglés par la lumière du soleil.

b) Elles sont désolés de vous avoir fait faux bond.

c) David et Robin sont obligé de construire une barricade autour de leur campement.

d) Emma est invitée à une fête donnée en l'honneur des gagnants du tournoi de soccer.

e) Charlotte et Philippe sont enchantés par leur voyage aux Açores.

2. Souligne les verbes au présent de l'indicatif dans le texte suivant.

Fondée en 1608, Québec est la capitale nationale du Québec. C'est la seule ville fortifiée en Amérique du Nord au nord du Mexique. Ses attraits touristiques sont nombreux. J'ai visité Québec à plusieurs reprises et j'ai bien hâte d'y retourner.

3. Écris les verbes suivants à l'impératif présent à la 2e personne du singulier.

a) mentir : _____ b) manger : _____ c) descendre : _____

d) dormir : _____ e) voir : _____ f) espérer : _____

4. Souligne le radical des verbes suivants.

envions   cachons   regardons   équilibrons   étouffons

5. Souligne la phrase dans laquelle le participe passé est bien accordé.

a) Tu as déplacés les livres de la bibliothèque.

b) Les robes qu'elles ont achetés pour le bal sont magnifiques.

c) La viande que vous avez achetée n'est pas bonne.

Test

1. Conjugue les verbes suivants à l'impératif présent. Ensuite, encadre la terminaison de tous les verbes.

a) **obéir**

(Tu) _____

(Nous) _____

(Vous) _____

b) **clouer**

(Tu) _____

(Nous) _____

(Vous) _____

c) **comprendre**

(Tu) _prends_

(Nous) _prenons_

(Vous) _prenez_

d) **pédaler**

(Tu) _____

(Nous) _____

(Vous) _____

e) **subir**

(Tu) _____

(Nous) _____

(Vous) _____

f) **craindre**

(Tu) _crain_

(Nous) _craignons_

(Vous) _craignez_

2. Conjugue les verbes à la personne et au temps demandés. Écris le pronom personnel approprié lorsque c'est nécessaire.

a) (*Être*, impératif présent, 2e pers. plur.) _____ prêts pour le départ à 15 h.

b) (*Faire*, indicatif présent, 2e pers. sing.) _____ d'horribles cauchemars toutes les nuits.

c) (*Éteindre*, impératif présent, 2e pers. sing.) _____ la télévision et la radio.

d) (*Prendre*, indicatif présent, 3e pers. plur.) _____ des leçons d'équitation tous les mardis soir.

e) (*Voyager*, indicatif présent, 1re pers. sing.) _____ avec mes parents tous les ans au mois de juin.

f) (*Déformer*, indicatif présent, 1re pers. sing.) _____ mes chaussures de course.

g) (*Déguster*, indicatif présent, 1re pers. plur.) _____ des fruits de mer.

h) (*Laver*, impératif présent, 2e pers. plur.) _____ vos vêtements sales.

i) (*Céder*, impératif présent, 1re pers. plur.) _____ notre place aux gens âgés.

Exercices

3. Conjugue les verbes suivants au ~~présent de~~ l'indicatif. *P. S.*

a) ~~surgir~~ *finir*

Je *finis*

~~Tu~~ _____

~~Il/elle/on~~ _____

Nous *finîmes*

~~Vous~~ *finîtes*

Ils/elles *finirent*

b) **mentir**

Je _____

Tu _____

Il/elle/on _____

Nous _____

Vous _____

Ils/elles _____

c) **élever**

J' _____

Tu _____

Il/elle/on _____

Nous _____

Vous _____

Ils/elles _____

d) **vendre**

Je *rendis*

Tu *rendis*

Il/elle/on *rendit*

Nous *rendîmes*

Vous *rendîtes*

Ils/elles *rendirent*

e) **atterrir**

J' _____

Tu _____

Il/elle/on _____

Nous _____

Vous _____

Ils/elles _____

f) ~~aveugler~~ *appeler*

J' *appelai*

Tu *appelas*

Il/elle/on *appela*

Nous *appelâmes*

Vous *appelâtes*

Ils/elles *appelèrent*

4. Complète les phrases en accordant correctement le participe passé.

a) Nous avons (réussir) *réussi* ✓ tous les examens de fin d'année.

b) La frontière est (border) *bordée* ✗ par des lacs et des rivières.

c) Les portes que vous avez (peindre) *peint* ✗ sont jolies.

d) Mes amis et moi avons (boire) *bu* ✓ de la limonade.

5. Souligne tous les verbes à l'indicatif présent.

NOTES SUR LE FOOTBALL (1897)
Pierre de Coubertin

Si les règlements du football sont assez complexes, on peut toutefois les ramener à quatre ou cinq règles fondamentales qui sont simples. Que cherche le joueur? Il vise à s'emparer du ballon, à l'amener près de la ligne de but de l'adversaire et à lui faire toucher terre derrière cette ligne et le plus près possible du but que marquent deux grands piquets réunis à mi-hauteur par une barre transversale. S'il y parvient, il marque un « essai », lequel se chiffre par un certain nombre de points pour son camp : le ballon est alors placé sur une ligne perpendiculaire à la ligne de but et partant de l'endroit où l'essai a été fait ; on pose le ballon à terre sur un point quelconque de cette ligne et d'un coup de pied savamment donné, un joueur s'efforce de le faire passer entre les deux piquets, et au-dessus de la barre transversale ; l'essai est alors « transformé en but » et de nouveaux points sont comptés : c'est leur total qui tout à l'heure établira la victoire. Le football, en effet, se joue, à la différence de la plupart des jeux, en quatre-vingts minutes ; la partie se divise en deux portions de quarante minutes chacune : pendant l'entracte qui les sépare, les camps changent de côté. À la fin de la partie, on additionne les points ; plus les équipes sont fortes, moins élevés seront les totaux : si rien n'a été marqué d'aucun côté, le match est nul.

6. Transcris les verbes que tu as soulignés. Ensuite, écris ces verbes à l'infinitif.

_____

_____

_____

_____

_____

_____

_____

_____

Exercices

1. Souligne le verbe. Relie-le à son sujet.

a) J'ai aimé votre présentation orale de ce matin.

b) Marie-Soleil a présenté sa recherche sur le réchauffement de la planète.

c) Mon amie et moi avons réussi à nous rendre à la fin du jeu vidéo.

d) Le vendeur de chaussures ne trouve plus le prix de celles que je veux acheter.

2. Souligne le groupe du verbe et encadre le verbe.

a) Martine a oublié son cartable à l'école.

b) Rachid nous a demandé notre nom et notre numéro de téléphone.

c) J'ai posté le chèque pour l'inscription au cours de natation.

d) Le sujet du livre est très simple.

3. Souligne le groupe du verbe. Encadre le complément et indique s'il est direct ou indirect.

a) Caroline a apporté tout le matériel nécessaire.

b) Les papillons monarques quittent le Québec pour le Mexique.

c) Je réfléchis à mon sujet de production écrite.

d) Damien nous a raconté des bobards.

4. Souligne le complément de phrase.

a) J'ai acheté une voiture neuve la semaine passée.

b) Mes frères sont allés au cinéma avec leurs amis.

5. Souligne l'attribut du sujet.

a) Cette femme est jolie.

b) Cet homme est malade.

Test

1. Réponds par vrai ou faux.

a) Pour savoir quel est le sujet du verbe, je pose la question *qui est-ce qui ?* ou *qu'est-ce qui ?* _____

b) Le groupe sujet est composé d'un nom propre ou commun, d'un nom propre ou commun accompagné d'un déterminant ou d'un pronom. _____

2. Souligne le verbe. Pose-toi la question *qui est-ce qui ?* Encadre le groupe sujet. Indique ensuite la classe ou les classes de mots qui composent le groupe sujet.

Voici trois exemples :

GS   qui est-ce qui ?
v
Le lilas fleurit en mai.
↓   ↓
dét. nom

GS   qui est-ce qui ?
v
Ils mangent des mangues.
↓
pronom

GS   qui est-ce qui ?
v
Sonia anime l'atelier de bricolage.
↓
nom propre

a) Les chanteurs de la chorale ont donné un excellent spectacle.

b) La reine de la ruche a été chassée par les abeilles.

c) Yves n'a pas voulu prendre sa voiture pour aller travailler.

d) Le pont Champlain relie Montréal à la Rive-Sud.

e) Elles ont testé leurs connaissances en mathématique sur un site Web.

f) Pascale a perdu le contrôle de sa voiture dans une courbe.

g) Antoine et Liam ont mis leurs lunettes de soleil.

3. Souligne le groupe sujet et relie-le à son attribut.

Voici un exemple : <u>Cette femme</u> est une **adversaire redoutable**.

a) La journée semble idéale pour faire un pique-nique.

b) Cette équipe de hockey est célèbre dans le monde entier.

c) Cette belle pomme rouge semble délicieuse.

Exercices

4. Souligne le groupe du verbe. Ensuite, encadre le complément et indique s'il s'agit d'un complément direct, d'un complément indirect ou d'un complément de phrase.

a) Thomas et Aurélie lisent des bandes dessinées avant de s'endormir.

b) Caroline a oublié son livre de français dans l'autobus.

c) Le bateau de croisière arrivera dans quelques heures.

d) Mes parents ont visité le Musée des beaux-arts hier après-midi.

e) Le professeur d'anglais donne beaucoup de devoirs.

f) Mon père plantera des rosiers demain.

g) Alexis et Roger n'ont pas vu le nouveau chien du voisin.

h) Ma cousine a acheté des pommes, des oranges et des bananes.

i) Sofia et Jamil ont téléphoné à leur mère.

5. Ajoute un complément direct pour compléter les phrases. Pose-toi la question *quoi?* ou *qui?* pour t'assurer qu'il s'agit bien d'un CD.

a) J'ai mangé _____ .

b) Les ambulanciers font _____ .

c) Le meilleur joueur recevra _____ .

6. Ajoute un complément indirect pour compléter les phrases. Pose-toi la question *de qui, de quoi, à qui* ou *à quoi* pour t'assurer qu'il s'agit bien d'un CI.

a) Mon grand-père a écrit à _____ .

b) Maxime et Sébastien ont parlé à _____ .

c) France se plaint _____ .

7. Souligne le complément de phrase. N'oublie pas qu'il est facultatif.

a) Brigitte a trouvé sa robe dans le rayon pour femmes.

b) L'entraîneur a parlé aux joueurs après le match.

Exercices

8. Analyse les phrases comme dans les exemples ci-dessous.

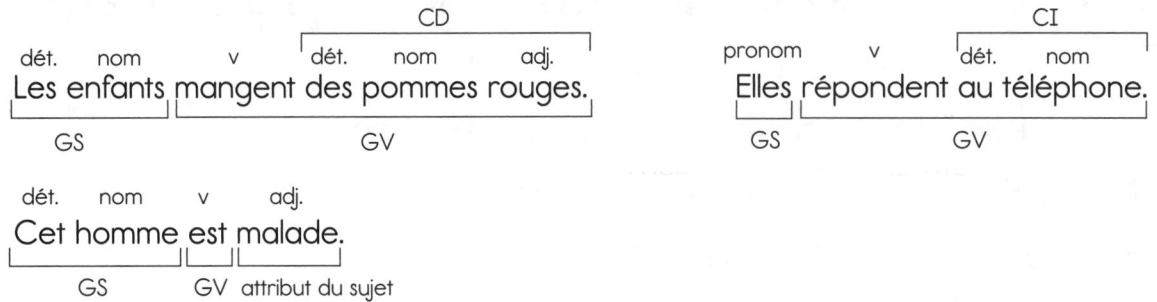

a) Nathalie et Maryse s'occupent de la campagne de financement.

b) Justin et Anne-Marie ont oublié de faire leurs devoirs.

c) Les joueurs de l'orchestre sont partis à Las Vegas.

d) Les livres de la bibliothèque ont été détruits par le feu.

e) Mon voisin est allemand.

f) Le feu ravageait la grange du voisin.

g) Nous avons acheté des fournitures scolaires.

h) Notre professeur est gentil.

i) William et moi avons mangé des lentilles.

Exercices

1. Souligne le verbe. Relie-le à son sujet.

a) Vous avez lu un livre de science-fiction

b) Brian et moi allons jouer au parc.

c) Avez-vous complété la fiche d'inscription ?

d) C'est dommage que vous ne puissiez pas venir.

2. Encadre le verbe. Souligne le groupe du verbe.

a) Samuel a fait le tour du monde en bateau.

b) Le chef cuisinier a préparé des roulés au saumon.

c) Ils auraient voulu prendre le train au lieu de l'autobus.

d) Myriam parle à son amie Vanessa.

3. Souligne le groupe du verbe. Encadre le complément et indique s'il est direct ou indirect.

a) L'entrée du côté nord est réservée aux détenteurs de billet.

b) Gaëlle a gagné un voyage au Mexique.

c) Nous avons nettoyé le salon et la salle de bains.

d) Isabelle regarde son émission de télé préférée.

4. Souligne le complément de phrase.

a) Ma nièce viendra la semaine prochaine.

b) J'ai vu un aigle hier matin.

5. Souligne l'attribut du sujet.

a) La dictée semble difficile.

b) Jean-Philippe est un élève studieux.

Test

1. Relie les verbes en caractères gras au sujet.

LA FÉE POUSSIÈRE
George Sand

Autrefois, il y a bien longtemps, mes chers enfants, j'**étais** jeune et j'**entendais** souvent les gens se plaindre d'une importune petite vieille qui **entrait** par les fenêtres quand on l'**avait chassée** par les portes. Elle **était** si fine et si menue, qu'on eût dit qu'elle **flottait** au lieu de marcher, et mes parents la **comparaient** à une petite fée. Les domestiques la **détestaient** et la renvoyaient à coups de plumeau, mais on ne l'**avait** pas plus tôt délogée d'une place qu'elle **reparaissait** à une autre.

Elle **portait** toujours une vilaine robe grise traînante et une sorte de voile pâle que le moindre vent **faisait** voltiger autour de sa tête ébouriffée en mèches jaunâtres.

À force d'être persécutée, elle me **faisait** pitié et je la **laissais** volontiers se reposer dans mon petit jardin, bien qu'elle **abîmât** beaucoup mes fleurs. Je **causais** avec elle, mais sans en pouvoir tirer une parole qui eût le sens commun. Elle **voulait** toucher à tout, disant qu'elle ne **faisait** que du bien. On me **reprochait** de la tolérer, et, quand je l'**avais laissée** s'approcher de moi, on m'**envoyait** laver et changer, en me menaçant de me donner le nom qu'elle **portait**.

C'était un vilain nom que je **redoutais** beaucoup. Elle **était** si malpropre qu'on **prétendait** qu'elle **couchait** dans les balayures des maisons et des rues, et, à cause de cela, on la **nommait** la fée Poussière.

Exercices

2. Souligne le groupe du verbe. Ensuite, encadre le complément.

a) Marie-France chasse les papillons.

b) Ma mère se sert du téléphone.

c) La lionne défend ses petits.

d) Le bûcheron abat des arbres.

e) Ce chien obéit à son maître.

f) Martin aime le chocolat.

g) Sophie mange des épinards.

h) Pardonnons à nos ennemis.

i) Je pense à mes amis.

3. Ajoute un complément direct pour compléter les phrases. Pose-toi la question *quoi?* ou *qui?* pour t'assurer qu'il s'agit bien d'un CD.

a) J'ai gagné _____.

b) Nicolas a réussi son _____.

c) Ma tante a planté _____.

4. Ajoute un complément indirect pour compléter les phrases. Pose-toi la question *de qui, de quoi, par qui, par quoi* pour t'assurer qu'il s'agit bien d'un CI.

a) Solène et Mireille ont été enchantées par _____.

b) Le record mondial de course a été établi par _____.

c) La collection de poupées de Sabrina a été vue par _____.

5. Souligne le complément de phrase. N'oublie pas qu'il est facultatif.

a) Zacharie et Isaac ont acheté un vélo dans une vente aux enchères.

b) La gagnante du tournoi de tennis est venue nous rencontrer à l'école.

Exercices

6. Analyse les phrases comme dans les exemples ci-dessous.

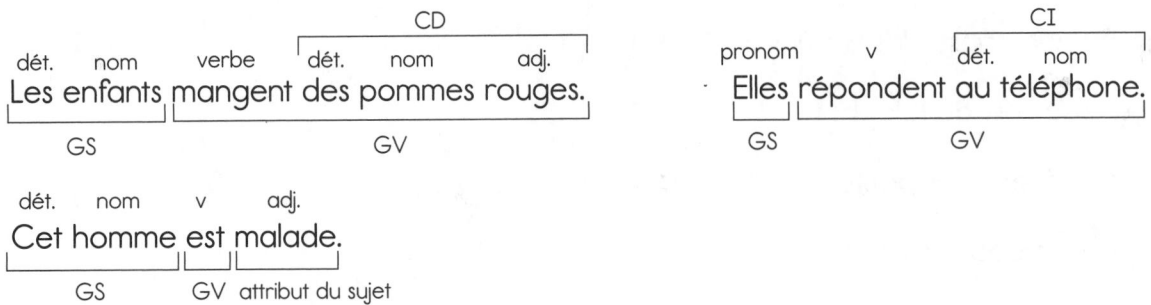

a) Jacqueline et sa sœur nous ont offert l'hospitalité.

b) Mes amis et moi sommes allés voir un film d'horreur.

c) Ma mère et ma tante ont gagné un voyage.

d) Martin a mangé un sandwich au poulet.

e) Coralie et Justine ont acheté des robes et des jupes blanches.

f) La mascotte de l'équipe de baseball était vêtue d'un grand veston jaune.

g) Claude a lu un bon roman policier.

h) Louis veut réussir son examen de mathématique.

i) Les soldats ont quitté la base militaire.

Exercices

1. Transforme les phrases suivantes au féminin pluriel.

a) Un acteur connu a rendu visite à mon grand-père.

Des actrices connues a rendue visites à mes grand-mères.

b) Le boulanger a rencontré son meilleur ami.

Les boulangères a rencontré ses meilleuse amies.

c) L'homme naïf a cru le mensonge du sorcier.

Les femmes naïves a cru les mensonges des sorcieuses.

d) Le golfeur montréalais a parlé avec le cordonnier.

Les golfeuses montréalaises a parlé avec les cordonnières.

e) L'horloger consulte un chirurgien.

Les horlogères consules des chirurgiennes

2. Indique si le mot est féminin ou masculin. Utilise les abréviations fém. ou masc.

a) accident _masc._ ✓   b) oreiller _masc._ ✓   c) omoplate _fém._ ✓

d) voile _fém._ ✓   e) haltère _fém._   f) armoire _fém._ ✓

g) moustiquaire _fém._ ✓   h) ascenseur _masc._ ✓   i) oasis _masc._

3. Trouve le féminin des métiers suivants.

a) inspecteur : _inspectrice_ ✓   b) douanier : _douanière_ ✓   c) maire : _mairesse_ ✓

d) dégustateur : _dégustatrice_   e) traiteur : _traiteuse_ ✓   f) opticien : _opticienne_ ✓

g) serveur : _serveuse_ ✓   h) pasteur : _pasteuse_   i) musicien : _musicienne_

j) avocat : _avocate_ ✓   k) conducteur : _conductrice_   l) ambassadeur : _ambassadrice_

4. Mets les mots suivants au pluriel.

a) cheval : _chevaux_   b) chacal : _chacals_ ✓   c) bijou : _bijoux_ ✓

d) pneu : _pneus_ ✓   e) vœu : _voeux_   f) taureau : _taureaux_

g) joujou : _joujoux_ ✓   h) jumeau : _jumeaux_   i) travail : _travaux_ ✓

Test

1. Trouve le nom de la femelle des animaux suivants.

1) âne: _____   2) bœuf: _____   3) bouc: _____

4) canard: _____   5) cerf: _____   6) chameau: _____

7) chat: _____   8) cheval: _____   9) chevreuil: _____

10) chien: _____   11) cochon: _____   12) coq: _____

13) daim: _____   14) dindon: _____   15) éléphant: _____

16) faisan: _____   17) jars: _____   18) lapin: _____

19) lièvre: _____   20) lion: _____   21) loup: _____

22) merle: _____   23) mouton: _____   24) ours: _____

25) paon: _____   26) pigeon: _____   27) rat: _____

28) renard: _____   29) sanglier: _____   30) singe: _____

2. Trouve le masculin des mots suivants.

a) femme: _homme_   b) tante: _oncle_   c) nièce: _neveu_

d) mère: _père_   e) maman: _papa_   f) sœur: _frère_

g) fille: _garçon_   h) marraine: _parrain_   i) madame: _monsieur_

j) douce: _doux_   k) rousse: _roux_   l) fausse: _faux_

m) sèche: _sec_   n) molle: _mou_   o) folle: _fou_

Exercices

3. Trouve le féminin des mots suivants. Ensuite, trouve la règle de formation de ces mots.

Voici un exemple :

a) idiot : idiote   dévot : dévote   vieillot : vieillotte

   Règle : Les mots qui se terminent par *ot* au masculin forment leur féminin en *ote* ou *otte*.

b) cher : _____   conseiller : _____   meurtrier : _____

   sorcier : _____   ouvrier : _____   familier : _____

   Règle : _____

c) nageur : _____   songeur : _____   bricoleur : _____

   farceur : _____   marcheur : _____   vendeur : _____

   Règle : _____

d) européen : _____ doyen : _____   ancien : _____

   magicien : _____   chien : _____   mien : _____

   Règle : _____

e) antérieur : _____ extérieur : _____   inférieur : _____

   majeur : _____   meilleur : _____   mineur : _____

   Règle : _____

f) mignon : _____   champion : _____   patron : _____

   chaton : _____   espion : _____   huron : _____

   Règle : _____

Exercices

4. Trouve le pluriel des mots suivants. Ensuite, trouve la règle de formation de ces mots.

Voici un exemple :

a) médical : médicaux   bocal : bocaux   végétal : végétaux

Règle : Les mots qui se terminent par *al* au singulier forment leur pluriel en *aux*. Attention, quelques mots en *al* se terminent en *als* : *avals, bals, carnavals, cérémonials, chacals, festivals, narvals, pals, récitals, régals.*

b) détail : _____   chandail : _____   gouvernail : _____

   rail : _____   bétail : _____   épouvantail : _____

   bercail : _____   attirail : _____   poitrail : _____

   Règle : _____

   Attention, quelques mots en *ail* se terminent en *aux* : *baux, coraux, émaux, soupiraux, travaux, vitraux.*

c) kangourou : _____   clou : _____   matou : _____

   filou : _____   toutou : _____   caribou : _____

   cou : _____   chouchou : _____   licou : _____

   Règle : _____

   Attention, quelques mots en *ou* se terminent en *oux* : *bijoux, cailloux, choux, genoux, hiboux, joujoux, poux.*

d) beau : _____   gâteau : _____   taureau : _____

   joyau : _____   esquimau : _____   tuyau : _____

   feu : _____   jeu : _____   vœu : _____

   Règle : _____

   Attention, il y a des exceptions : *landaus, sarraus, pneus, bleus.*

Exercices

1. Mets les noms et les déterminants suivants au pluriel.

a) Un bateau _____

b) Un bijou _____

c) Un caribou _____

d) Un pneu _____

e) Un joyau _____

f) Un orteil _____

g) Un travail _____

h) Une chorale _____

2. Transforme les phrases suivantes au masculin singulier.

a) Les chanteuses ont rencontré les nouvelles danseuses.

_____

b) Les hygiénistes sont parties avec les comédiennes.

_____

c) Les cultivatrices livrent des pommes de terre.

_____

d) Les portières ont ouvert la porte aux organisatrices.

_____

3. Corrige les erreurs dans les phrases suivantes. Il n'y a qu'une seule erreur par phrase.

a) La chapelier fabrique des chapeaux. _____

b) J'ai pris une ascenseur pour monter au 12e étage. _____

c) Des chous poussent dans mon potager. _____

d) J'ai acheté une oreiller. _____

e) Mohamed s'est acheté une habit. _____

f) J'ai vu des oiseaux-mouche. _____

Test

1. Trouve le féminin des mots suivants. Ensuite, trouve la règle de formation de ces mots.

a) cruel: _____   visuel: _____   essentiel: _____

   personnel: _____   actuel: _____   annuel: _____

   Règle: _____

b) coquet: _____   douillet: _____   minet: _____

   cadet: _____   muet: _____   longuet: _____

   Règle: _____

c) concret: _____   discret: _____   secret: _____

   inquiet: _____   complet: _____   désuet: _____

   Règle: _____

d) veuf: _____   sportif: _____   neuf: _____

   bref: _____   vif: _____   chétif: _____

   Règle: _____

e) secrétaire: _____   commis: _____   artiste: _____

   cinéaste: _____   maître d'hôtel: _____   jockey: _____

   Règle: _____

   La seule façon de savoir si le mot est féminin ou masculin est d'ajouter un _____
   devant.

Exercices

2. Complète les phrases en utilisant le bon adjectif, nom ou déterminant.

a) _____ oreillers sont très _____ .
   (Mon/Mes)   (mou/mous/molles/molle)

b) _____ autobus est _____ .
   (Cet/Cette)   (bleu/bleue)

c) Les _____ de l'église sont _____ .
      (vitrail/vitrails/vitraux)   (magnifique/magnifiques)

d) J'ai oublié de mettre _____ apostrophe dans mon texte.
                        (un/une)

e) Je me suis cassé _____ orteil.
                     (un/une)

f) J'ai mis des chaussettes _____ .
                            (bleu/bleus/bleues)

g) Les _____ de ma poupée sont _____ .
      (genous/genoux)   (sales/sale)

h) Mon cousin a les cheveux _____ .
                            (blond/blonds)

i) Les _____ de la voiture sont dégonflés.
      (pneus/pneux)

j) Mes haltères sont _____ .
                     (lourds/lourdes)

k) L'hélice de l'avion est _____ .
                           (cassé/cassée)

l) Il y a _____ hôpital près de chez moi.
          (un/une)

m) Mon oncle a installé _____ escalier dans ma cabane.
                        (un/une)

n) J'ai sauté sur _____ trampoline.
                  (le/la)

Exercices

3. Trouve les 10 accords de nombre fautifs. Souligne les erreurs en rouge et recopie le mot correctement au-dessus du mot erroné.

Sur les registres de l'Hôtel de Ville, à la Voirie, il avait nom Gustave Rousset, dit Gugusse pour sa femme et quelques rare intimes. Mais, du plus loin qu'il pouvaient se rappeler, ses camarade de corvée ne lui avaient jamais connu d'autre nom que celui du « Zouave ».

Un matin que, toute la nuit d'avant, il avait soufflé sur Montréal l'une de ces bordée qui font époque, on l'avait vu arriver à son poste avec une casquette de zouave dont la visière crevassée ne tenait que par miracle et que protégeait contre le vent un foulard en loques faisant double tour sous le mentons. Il n'en fallait pas plus, et depuis lors ce surnom de « Zouave » lui était resté. La casquette avait eu beau aller rejoindre les vieille lunes, c'était toujours, pour les camarade, le Zouave qui, l'hiver, au déblaiement des neige, et l'été, poussant son balai dans les rues, restait le point de mire des mêmes quolibet et des mêmes inlassables plaisanterie.

(*La montée du Zouave*, Sylva Clapin)

4. Trouve le pluriel des mots suivants. Ensuite, trouve la règle de formation de ces mots.

nez : _____   faux : _____   joyeux : _____

Règle : _____

La seule façon de savoir si le mot est singulier ou pluriel est d'ajouter un _____ devant.

Exercices

1. La phrase suivante est-elle interrogative ?

Quel magnifique tableau ! _____

2. La phrase suivante est-elle impérative ?

Le chien chasse le chat. _____

3. Transforme les phrases suivantes en phrases positives.

a) Martin n'ira pas à l'école aujourd'hui.

_____

b) Je ne voulais pas danser la valse avec toi.

_____

c) Ne prenez pas l'entrée principale.

_____

4. Transforme les phrases suivantes en phrases déclaratives.

a) Est-ce que Cinzia a reçu son diplôme ?

_____

b) Avons-nous terminé la répétition ?

_____

5. Transforme les phrases suivantes en phrases impératives.

a) Nous étudions pour l'examen.

_____

b) Tu mets ton manteau vert.

_____

6. Souligne la phrase négative.

a) Les baleines bleues sont immenses.

b) Le navire n'a pas sombré dans la mer.

Test

1. Fais un X dans la bonne colonne pour indiquer si la phrase est positive ou négative.

	Forme positive	Forme négative
a) Je n'aime pas les brochettes de fruits de mer.		
b) Nous n'irons pas aux glissades d'eau.		
c) Marilyn Monroe était une actrice célèbre.		
d) Brian n'a pas perdu son vélo.		
e) Kevin photographie le coucher de soleil.		
f) J'ai apporté mon parapluie parce que des averses sont prévues.		
g) Il ne fait pas chaud dehors.		
h) Élise n'a pas assisté au concert de son groupe préféré.		
i) Anne-Sophie est une très bonne gymnaste.		
j) Tu n'as pas la grandeur requise pour monter dans ce manège.		
k) J'ai confectionné des colliers avec des perles de bois.		
l) Il ne rêve pas de devenir astronaute plus tard.		
m) Philippe a écouté le bulletin de nouvelles.		
n) Nathan et Mélissa ont écrit une pièce de théâtre.		
o) Je n'ai jamais vu de tornade.		
p) Florence et moi avons acheté des bonbons à la cerise.		
q) La foule n'a pas applaudi la prestation de l'acteur.		
r) Dominique n'est pas nerveuse devant le public.		
s) J'ai fait une recherche sur les étoiles et les planètes.		

2. Transforme les phrases interrogatives en phrases déclaratives.

a) Iras-tu manger au nouveau restaurant devant le centre commercial?

_____

b) Est-ce que votre voiture est neuve?

_____

c) Est-ce que Lorraine est allergique aux fruits de mer?

_____

d) Attendez-vous l'autobus pour Trois-Pistoles?

_____

e) Est-ce que Laurence a mis sa robe bleue et rose?

_____

f) Est-ce que Béatrice et Estelle ont ouvert les fenêtres?

_____

g) Voulez-vous vous inscrire au rallye en vélo?

_____

h) Habitez-vous devant le couvent des Ursulines?

_____

i) As-tu lu le dernier livre de J. K. Rowling?

_____

j) Connais-tu le célèbre chanteur d'opéra Plácido Domingo?

_____

Exercices

3. Transforme les phrases déclaratives en phrases impératives.

a) Nous faisons du sport. _____

b) Vous écoutez un film. _____

c) Tu téléphones à ta mère. _____

d) Tu prends le pont. _____

e) Vous obéissez aux ordres. _____

f) Nous dessinons un arbre. _____

g) Tu cours pour aller à l'école. _____

h) Nous allons trouver la solution. _____

i) Vous préparez votre communication écrite. _____

4. Souligne les phrases exclamatives. Ajoute, pour toutes les phrases, le signe de ponctuation qui convient à la fin.

a) Comme vous avez bien réussi cette toile

b) Est-ce que tu aimes les voyages

c) Que cette maison est laide

d) Judith écrit une lettre à son amie

e) Va chercher le marteau

f) Quel beau spectacle

g) Aimez-vous aller à la pêche

5. Transforme les phrases impératives en phrases déclaratives.

a) Va chercher le lait. _____

b) Mangeons du gâteau. _____

c) Lis une bande dessinée. _____

Exercices

1. Complète le tableau.

Type de phrase	Forme positive	Forme négative
Déclaratif	Vous rendez hommage à votre professeur.	
Déclaratif		L'arbre n'est pas tombé.
Déclaratif	Je cueille des framboises.	
Interrogatif		N'avez-vous pas pris le pont ?
Interrogatif	Êtes-vous malade ?	
Interrogatif		N'as-tu pas peur ?
Exclamatif		Que ce n'est pas bon !
Exclamatif	Que c'est merveilleux !	
Exclamatif	Comme vous êtes brillant !	
Impératif	Nettoie ta chambre.	
Impératif	Fais un vœu.	
Impératif		Ne chante pas cette chanson.

2. Indique de quel type de phrase il s'agit. Emploie les abréviations suivantes :

négative : *nég.*   positive : *pos.*   interrogative : *inter.*   exclamative : *ex.*   déclarative : *déc.*
impérative : *imp.*

Attention, la phrase est toujours positive ou négative en plus d'être interrogative,
exclamative, impérative ou déclarative.

a) N'achète pas ce jouet. _____

b) Quel destin tragique ! _____

c) N'allons-nous pas visiter ce château ? _____

d) Nous irons danser ce soir. _____

Test

1. Réponds aux questions par une phrase négative et une phrase positive.

a) Est-ce que tu as hâte aux vacances d'été?

Phrase positive: _____

Phrase négative: _____

b) Fais-tu partie de l'équipe gagnante?

Phrase positive: _____

Phrase négative: _____

c) Avez-vous reçu mon message?

Phrase positive: _____

Phrase négative: _____

d) Ont-ils traversé le lac Saint-Jean à la nage?

Phrase positive: _____

Phrase négative: _____

e) A-t-elle raconté une bonne blague?

Phrase positive: _____

Phrase négative: _____

f) As-tu fait de la plongée sous-marine?

Phrase positive: _____

Phrase négative: _____

g) Utilises-tu des assiettes de carton?

Phrase positive: _____

Phrase négative: _____

2. Fais un X dans la bonne colonne pour indiquer si la phrase est positive ou négative, et interrogative, déclarative, exclamative ou impérative.

	Positive	Négative	Interrogative	Déclarative	Exclamative	Impérative
a) Ne prenez pas toute la place.						
b) Est-ce que tu me prêtes ton crayon?						
c) Quelle belle voiture!						
d) N'allez-vous pas en camping?						
e) Jeanne fait du tir à l'arc.						
f) Raconte-nous une histoire.						
g) Êtes-vous Italienne?						
h) Ursula a gagné un vélo.						
i) Que tu as de la chance!						
j) Ne vas-tu pas chercher ta sœur?						
k) Je ne suis pas malade.						
l) Quelle histoire étrange!						
m) Pascal fait du camping.						
n) N'est-il pas le meilleur cavalier?						
o) Léda a reçu un courriel.						
p) Allez-vous au lac des Sables?						
q) Ne va pas à la mer.						
r) Trouve tes chaussures.						

Exercices

3. Compose une phrase pour chaque type de phrase demandé.

a) Phrase négative interrogative.

_____

b) Phrase positive interrogative.

_____

c) Phrase négative exclamative.

_____

d) Phrase positive exclamative.

_____

e) Phrase négative déclarative.

_____

f) Phrase positive déclarative.

_____

4. Souligne les indices qui te permettent de dire que la phrase est interrogative, négative ou exclamative. Écris-les ensuite à côté de la phrase.

Avez-vous acheté les billets ? _____

Allons-nous au chalet pour la fin de semaine ? _____

Comme tu as bien réussi ! _____

5. Combien de signes de ponctuation comptes-tu dans les phrases suivantes ?

Cédric, as-tu retrouvé la montre de ton père ? Quel dommage ! Ton père sera sûrement furieux contre toi. As-tu peur de sa réaction ?

, _____   . _____   ! _____   ? _____

1. Trouve l'antonyme des mots suivants.

a) léger : _____   b) sale : _____   c) vaillant : _____

d) désagréable : _____   e) dernier : _____   f) malheureux : _____

g) blanc : _____   h) homme : _____   i) habile : _____

j) là : _____   k) grimace : _____   l) nier : _____

2. Trouve un synonyme pour les mots suivants.

a) casser : _____   b) bouquin : _____   c) drôle : _____

d) ôter : _____   e) beau : _____   f) bondir : _____

g) maladresse : _____   h) pesant : _____   i) bonté : _____

j) amical : _____   k) maison : _____   l) professeur : _____

3. Forme des mots avec les préfixes suivants. Le sens du préfixe est entre parenthèses.

a) agro (champ) : _____   b) bio (vie) : _____

c) bi (deux) : _____   d) centi (cent) : _____

e) in (pas) : _____   f) aéro (air) : _____

4. Forme des mots avec les suffixes suivants. Le sens du suffixe est entre parenthèses.

a) ais (origine) : _____   b) ment (manière) : _____

c) logie (science) : _____   d) ée (contenu de quelque chose) : _____

e) ette (diminutif) : _____   f) ite (maladie) : _____

5. Trouve un mot de la même famille pour chacun des mots suivants.

a) indécision : _____   b) tentative : _____   c) guidage : _____

d) heureux : _____   e) misère : _____   f) profession : _____

Test

1. Trouve l'antonyme des mots suivants.

a) facile : _____   b) mécontent : _____   c) heureux : _____

d) grand : _____   e) bon : _____   f) allumé : _____

g) jour : _____   h) différent : _____   i) dur : _____

j) garçon : _____   k) faible : _____   l) chaud : _____

m) fermé : _____   n) extérieur : _____   o) avec : _____

p) beau : _____   q) masculin : _____   r) dessous : _____

s) descendre : _____   t) invisible : _____   u) plein : _____

v) âgé : _____   w) peu : _____   x) sud : _____

y) toujours : _____   z) pâle : _____

2. Trouve un mot de même famille que les mots suivants. Tu peux te servir du dictionnaire.

a) scolaire : _____   b) prune : _____

c) désolé : _____   d) dépenser : _____

e) dormir : _____   f) impatience : _____

g) arbre : _____   h) écouter : _____

i) journal : _____   j) mélange : _____

3. Encercle, sur une même ligne, les mots qui font partie de la même famille.

a) utiliser   utilisable   réutilisable   réutilisation   réussite

b) papouille   papillon   papilloter   papillonnage   papillonneur

c) sang   sanguinaire   sanglon   sanguin   sangsue

d) fongique   fongicide   fongiforme   fonte   fongueux

Exercices

4. Remplace le mot entre parenthèses par un synonyme.

a) Je (déteste) _____ le vent et les orages violents.

b) Je regarde un documentaire (ennuyeux) _____ sur les batraciens.

c) Notre entraîneur de hockey trouve que nous sommes de (bons) _____ joueurs.

d) Florence a (nettoyé) _____ sa chambre.

e) L'avocate a (discuté) _____ avec son client.

f) Karina a (égaré) _____ ses clés de voiture.

g) Le fleuriste a préparé un (joli) _____ bouquet de fleurs rouges et blanches.

h) Arthur a mis ses (souliers) _____ verts.

i) Fabrizio a eu beaucoup de (chagrin) _____.

j) Mes camarades sont (allongés) _____ sur la plage à Varadero.

k) Claude a trouvé une (astérie) _____ dans l'océan.
(Indice : commence par é.)

5. Colorie de la même couleur les mots qui sont synonymes.

a) dormir   sommeiller   marcher   b) satiné   rude   doux

c) finir   commencer   débuter   d) douceur   rudesse   calme

e) mort   vivant   décédé   f) tacher   salir   nettoyer

g) passé   avenir   futur   h) décevoir   convier   inviter

i) moderniser détruire   rénover   j) opinion   critique   avis

k) ennemi   camarade   ami   l) paix   guerre   bataille

m) silence   cri   hurlement   n) rage   vacarme   colère

o) profession prodige   métier   p) préféré   chouchou   détesté

q) iniquité   inquiet   soucieux   r) passion   fougue   patience

Exercices

6. Trouve le préfixe, sa signification et un exemple en suivant les indices donnés.

Préfixe	Signification	Exemple
a) D-4 _____	A-3 _____	C-1 _____
b) A-5 _____	B-3 _____	B-5 _____
c) C-6 _____	A-6 _____	F-1 _____
d) D-1 _____	E-1 _____	E-4 _____
e) D-3 _____	E-3 _____	E-2 _____
f) C-5 _____	C-2 _____	F-2 _____
g) D-5 _____	A-4 _____	C-3 _____
h) B-2 _____	B-1 _____	B-6 _____
i) F-3 _____	C-4 _____	B-4 _____
j) D-2 _____	E-6 _____	D-6 _____
k) E-5 _____	A-2 _____	A-1 _____
l) F-5 _____	F-4 _____	F-6 _____

	A	B	C	D	E	F
1	longiligne	avant	aéroport	télé	à distance	supermarché
2	long	pré	opposition	para	cinémathèque	contre-jour
3	air	plus petit	francophone	ciné	cinéma	multi
4	français	multicolore	plusieurs	aéro	télécommande	avec
5	mini	minimaliste	contre	franco	longi	co
6	supérieur	préalable	super	parascolaire	à côté	codétenu

7. Trouve le suffixe, sa signification et un exemple en suivant les indices donnés.

Suffixe	Signification	Exemple
a) B-4 _____	D-3 _____	B-2 _____
b) F-3 _____	B-1 _____	B-3 _____
c) C-3 _____	F-1 _____	D-1 _____
d) A-2 _____	D-2 _____	C-4 _____
e) E-1 _____	A-3 _____	E-3 _____
f) F-2 _____	C-1 _____	A-4 _____
g) E-2 _____	F-4 _____	A-1 _____
h) D-4 _____	E-4 _____	C-2 _____

	A	B	C	D	E	F
1	arachnophobe	origine	manger	maisonnette	logie	diminutif
2	ite	microscope	promenade	maladie	phobe	vore
3	science	angolais	ette	examiner	biologie	ais
4	herbivore	scope	otite	ade	action	haïr

Exercices

1. Trouve l'antonyme des mots suivants.

a) ouvert: _____

b) silence: _____

c) loin: _____

d) généreux: _____

e) finir: _____

f) lent: _____

g) drôle: _____

h) vivre: _____

i) déplaire: _____

j) habillé: _____

k) marcher: _____

l) rire: _____

2. Trouve un synonyme pour les mots suivants.

a) gigoter: _____

b) rondelet: _____

c) attacher: _____

d) manger: _____

e) monnaie: _____

f) célébrer: _____

g) périple: _____

h) corsaire: _____

i) véritable: _____

j) transpirer: _____

k) nez: _____

l) ôter: _____

3. Forme des mots avec les préfixes suivants. Le sens du préfixe est entre parenthèses.

a) pisci (poisson): _____

b) tri (trois): _____

c) thermo (température): _____

d) mini (moins): _____

e) micro (petit): _____

f) mono (seul): _____

4. Forme des mots avec les suffixes suivants. Le sens du suffixe est entre parenthèses.

a) erie (lieu): _____

b) eau (petit d'un animal): _____

c) tion (action): _____

d) ive (caractère): _____

e) ien (origine): _____

f) oir (qui sert à): _____

5. Trouve deux mots de la même famille pour chacun des mots suivants.

a) ami: _____

b) glace: _____

c) mordant: _____

Test

1. **Écris sur la nacelle de la montgolfière l'antonyme du mot qui est sur le ballon. Sers-toi de la banque de mots.**

légal   acheter   importation   gaucher   nu   allumer   opaque   sombre

a) exportation

b) clair

c) illégal

d) habillé

e) droitier

f) transparent

g) vendre

h) éteindre

Exercices

2. Complète le tableau en utilisant des mots de la même famille.

Nom	Verbe	Adjectif
a) amour	aimer	aimant
b) association		
c)		chiffrable
d)	exister	
e) pensée		
f)	craindre	
g)	remonter	
h)		correctif
i) jalousie		
j)	mordre	

3. Trouve un synonyme pour chacun des mots suivants.

a) gifle : _____   b) en chœur : _____   c) ennuyeux : _____

d) crasseux : _____   e) incendie : _____   f) époux : _____

g) océan : _____   h) détester : _____   i) informer : _____

j) semblable : _____   k) tapage : _____   l) navire : _____

m) lassitude : _____   n) vêtir : _____   o) gageure : _____

p) ôter : _____   q) rapt : _____   r) détritus : _____

s) hurler : _____   t) chapelle : _____   u) nourrisson : _____

v) appétit : _____   w) gaucherie : _____   x) vilain : _____

Exercices

4. Trouve le préfixe, sa signification et un exemple en suivant les indices donnés.

Préfixe	Signification	Exemple
a) B-3 _____	A-2 _____	A-3 _____
b) D-5 _____	D-2 _____	A-1 _____
c) C-1 _____	A-5 _____	D-3 _____
d) D-1 _____	B-2 _____	C-3 _____
e) D-6 _____	E-2 _____	C-4 _____
f) C-5 _____	F-2 _____	A-4 _____
g) F-3 _____	C-2 _____	A-6 _____
h) B-4 _____	B-5 _____	F-4 _____
i) E-3 _____	F-1 _____	C-6 _____
j) B-1 _____	D-4 _____	E-5 _____
k) E-4 _____	E-1 _____	F-5 _____
l) B-6 _____	E-6 _____	F-6 _____

	A	B	C	D	E	F
1	kilogramme	radio	anglo	tri	antérieur	forêt
2	en double	trois	enfant	mille	eau	seul
3	amphibien	amphi	triangle	anglophone	sylvi	péd
4	monoplace	pro	aquatique	rayon	ex	proaméricain
5	anglais	en faveur de	mono	kilo	radiographie	ex-mari
6	pédiatrie	anti	sylviculture	aqua	contre	antigel

5. Trouve le suffixe, sa signification et un exemple en suivant les indices donnés.

Suffixe	Signification	Exemple
a) B-4 _____	A-2 _____	F-3 _____
b) B-1 _____	F-1 _____	C-3 _____
c) E-3 _____	C-2 _____	B-3 _____
d) A-3 _____	D-2 _____	D-1 _____
e) C-4 _____	E-2 _____	C-1 _____
f) D-3 _____	F-2 _____	E-4 _____
g) B-2 _____	A-1 _____	E-1 _____
h) D-4 _____	A-4 _____	F-4 _____

	A	B	C	D	E	F
1	roue	erie	québécoise	bijoutier	unicycle	spécialité
2	langue	cycle	action	métier	origine	manière
3	ier	manger	boulangerie	ment	er	bilingue
4	mesure	lingue	oise	mètre	lentement	millimètre

Exercices

1. **Écris à côté de chaque mot la classe à laquelle il appartient : nom, déterminant, adjectif, verbe, pronom personnel, mot invariable.**

   a) alors : _____   b) mordre : _____   c) table : _____

   d) ils : _____   e) le : _____   f) dans : _____

   g) férocement : _____   h) en : _____   i) mais : _____

   j) lire : _____   k) donc : _____   l) la : _____

   m) bleu : _____   n) elle : _____   o) pour : _____

2. **Indique à quelle classe de mots appartiennent les mots en gras. Tu as le choix entre *nom*, *verbe*, *déterminant* et *adjectif*.**

   a) **Le** _____ **nouvel** _____ ordinateur de **Sophie** _____ ne fonctionne plus.

   b) Les chaises **bleues** _____ **iront** _____ mieux avec **la** _____ table rouge.

   c) La **grande** _____ girafe du **zoo** _____ impressionne **les** _____ visiteurs.

   d) Luca **déguste** _____ **une** _____ barre **tendre** _____ à la cannelle.

   e) Les **invités** _____ **arriveront** _____ en fin de **journée** _____ .

3. **Indique si le pronom en gras est un pronom personnel (pr. pers.), un pronom possessif (pr. poss.) ou un pronom démonstratif (pr. dém.).**

   a) Votre chat s'est sauvé de la maison. **Le mien** _____ ne fait pas ça.

   b) Claude et Michèle ont vendu leurs chevaux. **Les nôtres** _____ ne sont pas à vendre.

   c) **Nous** _____ avons mangé des sushis pour dîner.

   d) **Ceux** _____ qui n'ont pas rendu leurs livres doivent le faire maintenant.

4. **Choisis le bon mot invariable pour compléter la phrase. Pour te familiariser davantage avec les classes de mots, nous t'avons indiqué de quelle classe il s'agit.**

   a) J'ai _____ apprécié votre commentaire. (adverbes : nullement, comment)

   b) _____ , vous ne voulez pas vous joindre à nous. (conjonctions : Comme, Ainsi)

   c) Elle vous aime énormément _____ toujours. (prépositions : depuis, envers)

Test

1. Lis le texte suivant et classe les mots en gras dans la bonne catégorie.

LES MALHEURS DE BIANCA

Vraiment, **Bianca aurait** mieux **fait** de rester au lit ce matin. Quelle journée **affreuse**! Tout **a débuté** en mettant **le** pied hors du lit. Elle avait, avant de s'endormir, laissé tomber à côté du lit sa pince à cheveux **préférée**. Bien sûr, en se levant, elle a mis **le** pied dessus. Crac! Brisée en **trois** morceaux. Impossible de la **réparer**. Elle y tenait à cette pince. C'est son amie, **Océane**, qui la lui **avait offerte** pour son anniversaire. Océane l'avait achetée lors de son voyage au Maroc.

Bon, aussi bien prendre une **bonne douche** pour chasser les idées **noires**. Comble de malchance, plus d'eau **chaude**! Toute la famille a pris sa douche ce matin et il ne reste plus d'eau chaude. Elle soupçonne **son** frère Alexis d'avoir, encore **une** fois, pris **une** douche interminable. Ça l'énerve, ça l'énerve tellement que si son **frère était** là, elle...

Il faut absolument qu'elle se lave les **cheveux**. Ils sont dans **un** état lamentable. Ils pendouillent, tout **graisseux**. Tant pis, aux grands maux, les **grands remèdes** : elle se **lavera** à l'eau froide.

Elle se **dépêche** ensuite d'aller prendre son petit-**déjeuner**, car si elle perd encore du temps, elle va manquer l'autobus. Encore une autre tuile : son frère « **adoré** » a bu tout le lait. Pas de **céréales** pour elle ce matin. Elle **déteste** les toasts, mais elle a faim.

Vite, elle court pour prendre l'autobus. À bout de souffle, elle arrive à l'**arrêt** pour s'apercevoir qu'il n'y a personne. C'est samedi!

Nom	Déterminant	Adjectif	Verbe

Exercices

2. Indique si le pronom en gras est un pronom personnel (pr. pers.), un pronom possessif (pr. poss.) ou un pronom démonstratif (pr. dém.).

a) **Elles** _____ ont participé à un téléthon pour la recherche contre le cancer.

b) **Celles** _____ qui veulent s'inscrire au cours de ballet doivent demander la permission à leurs parents.

c) **Les siens** _____ sont moins bons que les miens.

d) Marie et Paula ont acheté de délicieux gâteaux. **Les nôtres** _____ sont moins beaux.

e) **Celle-ci** _____ est plus belle que **celle-là** _____.

f) **Tu** _____ as raté un bon spectacle hier soir.

3. Remplace les mots en gras par un pronom personnel dans les phrases suivantes.

a) **Martine et toi** _____ attendez de voir la directrice de l'école.

b) **Marie et Véronique** _____ veulent une collation.

c) **Nos enfants** _____ ont été élevés à la campagne.

d) **Louis et Marie** _____ écoutent les consignes du brigadier.

e) **Maxime et moi** _____ sommes honorés de votre visite.

4. Ajoute le pronom possessif ou démonstratif approprié.

a) Mon vélo est rouge. _____ est bleu et blanc.

b) Ces fleurs sont belles. _____ sont encore plus belles.

c) J'ai mis mes souliers de course. Natacha a mis _____.

5. Indique si les adverbes suivants sont des adverbes de manière, de lieu ou de temps.

a) demain : _____   b) calmement : _____   c) loin : _____

d) ainsi : _____   e) comment : _____   f) aujourd'hui : _____

g) jamais : _____   h) dedans : _____   i) doucement : _____

j) en avant : _____   k) soudain : _____   l) ici : _____

Exercices

6. Choisis, parmi la liste de conjonctions, de prépositions ou d'adverbes, le bon mot invariable pour compléter les phrases.

Conjonctions : *ou, toutefois, ensuite, ni, comme, aussi*
Prépositions : *contre, pendant, parmi, dans, chez, sans*
Adverbes : *deuxièmement, à droite, peu, tellement, volontiers, beaucoup*

a) Nous nous sommes collés _____ le mur pour nous protéger du vent.

b) L'arbre magique est situé _____ du lac enchanté.

c) Simon veut jouer au soccer _____ au baseball cet été.

d) Héloïse a mangé sa soupe, _____ elle a mangé sa salade.

e) Étienne a mis ses vêtements _____ le tiroir.

f) J'ai mis _____ de confiture sur ma tranche de pain.

g) Tatiana a dormi _____ sa tante Alexandra.

h) Gaël a acheté une trottinette _____ celle de son ami Rachid.

i) Bertrand a répondu «_____» à son oncle qui lui offrait de la tarte.

j) Valérie a choisi une broche bleue _____ les bijoux de sa grand-mère.

k) Vous avez le droit de choisir deux numéros, _____ vous n'avez pas le droit de les montrer.

l) Mon oncle Roger a dormi _____ tout le trajet en avion.

m) Maya a _____ mangé qu'elle a mal au ventre.

n) Premièrement, il faut prendre le cahier rouge ; _____, il faut l'ouvrir à la page 54.

o) Caroline n'aime pas les glaces au chocolat _____ celles à la vanille.

p) Carla a _____ de pièces de monnaie dans sa petite collection.

q) Fatima a réussi son tableau _____ l'aide de son professeur.

r) Le boulanger a _____ du pain aux olives.

Exercices

1. Écris à côté de chaque mot la classe à laquelle il appartient : nom, déterminant, adjectif, verbe, pronom personnel, mot invariable.

a) à : _____

b) écouter : _____

c) livre : _____

d) nous : _____

e) les : _____

f) dessous : _____

g) lentement : _____

h) après : _____

i) car : _____

j) dire : _____

k) sixièmement : _____

l) le : _____

m) astucieuse : _____

n) je : _____

o) même : _____

2. Indique à quelle classe de mots appartiennent les mots en gras. Tu as le choix entre *nom*, *verbe*, *déterminant* et *adjectif*.

a) La **magnifique** _____ opale qui orne **son** _____ collier brille d'une lumière vive.

b) Le joyeux gazouillis des oiseaux me **réveille** _____ tous **les** _____ matins.

c) Son **cœur** _____ est habité d'une **grande** _____ tristesse depuis le départ de son ami.

d) **Marjolaine** _____ regarde **les** _____ nuages blancs dans le ciel.

e) **Les** _____ guêpes nous **empêchent** _____ de manger dehors en paix.

3. Indique si le pronom en gras est un pronom personnel, un pronom possessif ou un pronom démonstratif.

a) Votre ami est malade. **Le mien** _____ ne l'est pas.

b) Leurs gâteaux sont ratés. **Les nôtres** _____ sont réussis.

c) **Nous** _____ sommes allés faire un saut en parachute.

4. Choisis le bon mot invariable pour compléter la phrase. Pour te familiariser davantage avec les classes de mots, nous t'avons indiqué de quelle classe il s'agit.

a) J'ai caressé _____ la fourrure de mon chat noir. (adverbes : autour, doucement)

b) Jasmine a _____ réussi à faire une descente sans tomber. (conjonctions : enfin, quoique)

c) Martin et Olivier ont donné leurs bonbons _____ Hugues. (prépositions : à, dans)

Test

1. Trouve le mot caché. Dans tous les cas, il s'agit de mots invariables.

```
D E S                         C A R
P A R                         S U R
D A N S                     P O U R
    P U I S J U S Q U E
        D E R R I E R E
        G R A V E M E N T
    A U S S I A P R E S E N
    E N F I N S A U F V E R S
  T O U T E F O I S A S O U S
  C O M M E N T D A U T O U R V
  A L O R S P R U D E M M E N T
  P O U R T A N T A I N S I L A
  S E P T I E M E M E N T O U
    T A N T O T E I C I N I R
      B P A R T O U T O R E
```

ainsi	derrière	ni	puis
alors	dès	or	sauf
après	en	ou	septièmement
aussi	enfin	par	sous
autour	gravement	partout	sur
car	ici	pour	tantôt
comment	jusque	pourtant	toutefois
dans	là	prudemment	vers

Mot mystère : ___ ___ ___ ___ ___ ___ ___

Exercices

2. Colorie l'illustration selon les couleurs demandées.

Les sections ayant un verbe en gris.

Les sections ayant un déterminant en rouge.

Les sections ayant un nom en bleu.

Les sections ayant un adjectif en vert.

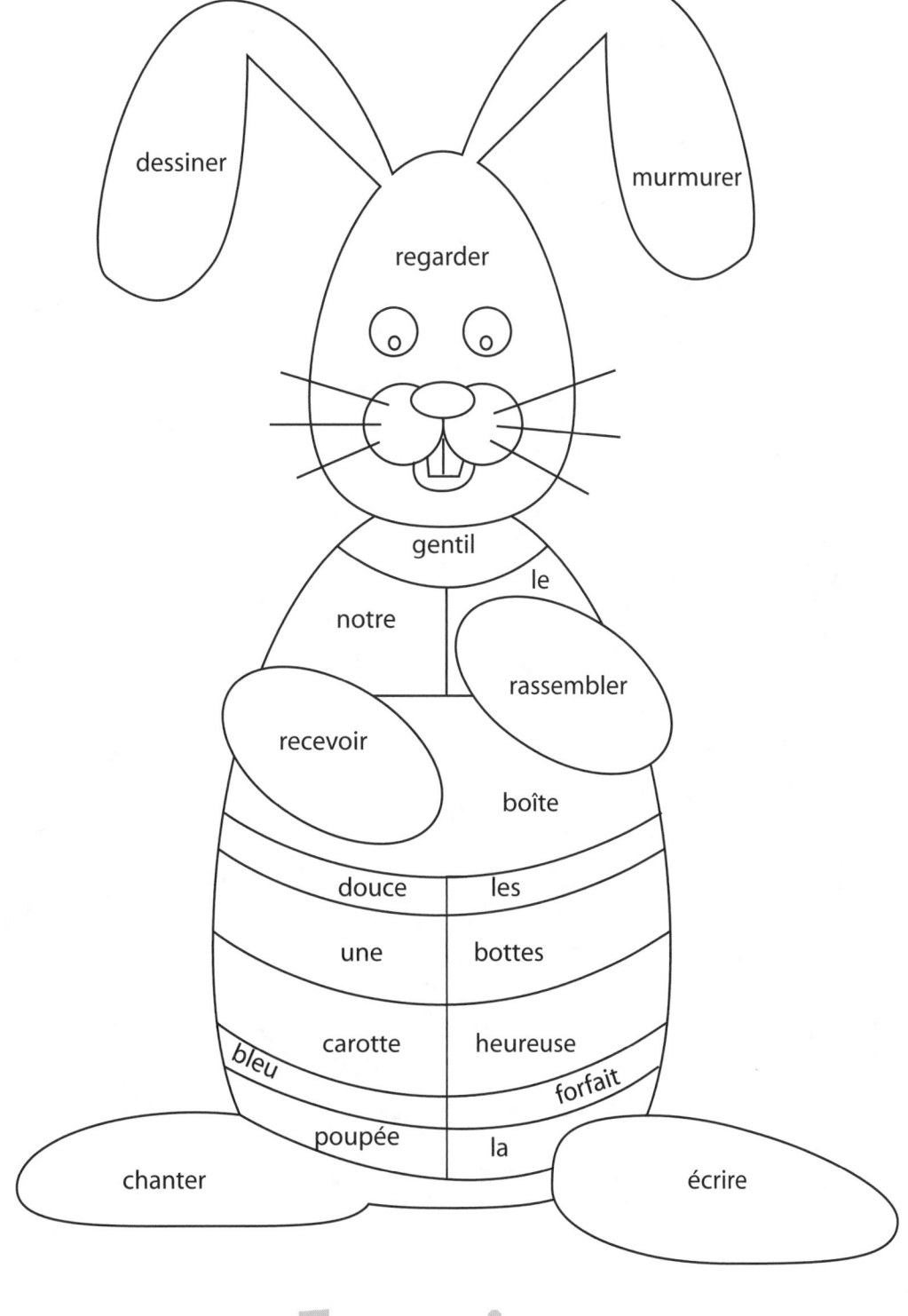

3. Suis le chemin qui t'indiquera de quel genre de pronom il s'agit.

a) ils : _____

b) le nôtre : _____

c) celui : _____

d) le sien : _____

e) ceux-ci : _____

f) nous : _____

g) le vôtre : _____

h) je : _____

i) celui-là : _____

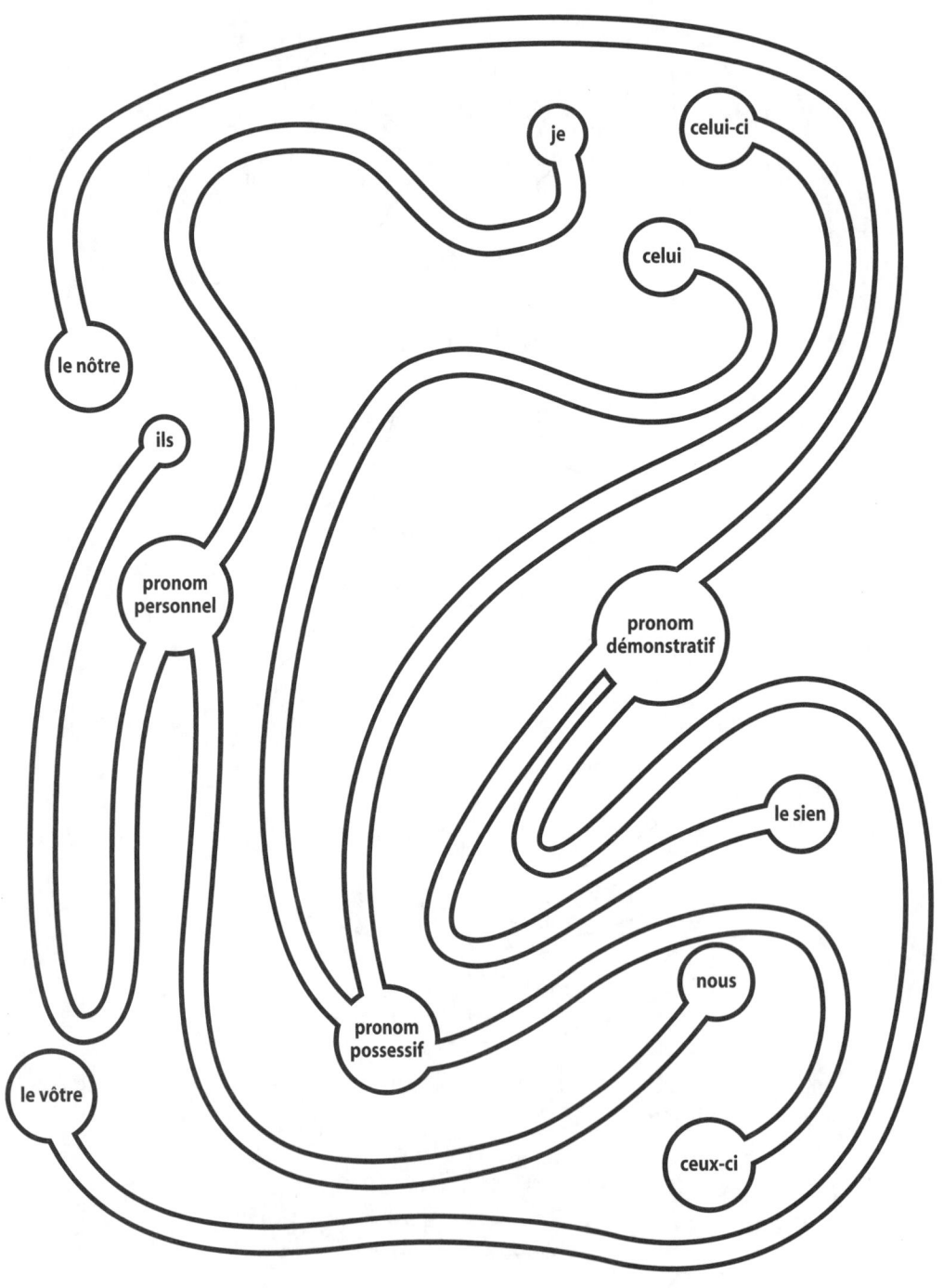

Exercices

1. Quelles phrases suivantes sont bien ponctuées?

a) Ma mère, Anne a reçu un manteau pour son anniversaire. ✗

b) Ma mère, Anne, a reçu un manteau pour son anniversaire. ✓

c) Alicia a acheté des pommes, des bananes, des oranges et des kiwis. ✓

d) Alicia a acheté des pommes des bananes, des oranges et des kiwis. ✗

e) Jamal veut des pantalons, des chaussettes, des chemises, etc. ✓

f) Jamal veut des pantalons, des chaussettes, des chemises etc. ✗

g) Quelle belle journée ✗

h) Quelle belle journée! ✓

i) Le chauffeur nous a dit: «Ne restez pas debout.» ✓

j) Le chauffeur nous a dit «Ne restez pas debout.» ✗

Réponses: _____

2. Cherche dans le dictionnaire les mots demandés. Écris le mot qui le précède et le mot qui le suit.

Voici un exemple: *yoga*: yod (est avant *yoga*), *yogi* (est après *yoga*).

a) farcir: _____   b) tutu: _____

c) labbe: _____   d) elzévir: _____

e) denim: _____   f) confit: _____

g) pendule: _____   h) tangara: _____

i) sacrilège: _____ j) vendetta: _____

3. Associe à chaque onomatopée sa signification.

~~sonner à la porte~~   ~~dormir~~   éternuer   cri du chat   pleurer   téléphone

a) zzzz: _dormir_   b) atchoum: _éternuer_   c) ding dong: _Téléphone_

d) miaou: _cri du chat_   e) dring, dring: _sonner à la porte_   f) sniff, sniff: _pleurer_

4. Trouve la réponse aux devinettes.

a) Un animal de la ferme qui rime avec *chacal*: _cheval_

b) Un animal de la ferme qui rime avec *roucoule*: _poule_

1. Ajoute une ou plusieurs virgules aux phrases suivantes aux endroits appropriés.

a) Pour aller à la chasse Antoine a besoin d'un permis.

b) « Stéphanie attendez-moi dehors. »

c) Le téléphone la télévision et le grille-pain ne fonctionnent plus.

d) Nous avons décidé mes amis et moi d'aller faire une randonnée.

2. Recopie les phrases et ajoute le ou les signes de ponctuation manquants.

a) Quelle belle voiture rouge vous avez mon ami

_____

b) Sarah voulez-vous du thé et des scones avec de la confiture

_____

c) Le professeur nous a dit « N'oubliez pas de faire vos devoirs »

_____

d) J'ai écouté attentivement les consignes données par l'agent de bord

_____

e) Arthur a acheté des skis des bottes des mitaines et un foulard

_____

3. Écris le nom des signes de ponctuation suivants.

a) . _____   b) , _____   c) ? _____

d) ! _____   e) : _____   f) - _____

g) « » _____

4. Ajoute les signes de ponctuation manquants dans le texte suivant. N'oublie pas d'ajouter les majuscules si nécessaire.

est-ce que tu sais quoi faire si une guêpe te pique il y a peu de choses à faire sauf si tu es allergique dans ce cas il faut s'administrer les médicaments requis et se rendre à l'hôpital autrement on extrait le dard sans presser la poche de venin et on applique de la glace durant 20 minutes toutes les deux heures

5. Cherche dans le dictionnaire les mots suivants. Écris les mêmes informations que dans l'exemple ci-dessous tiré du *Petit Robert*. Utilise le dictionnaire de ton choix.

Citron: n. m. Fruit jaune du citronnier, agrume de saveur acide. (*n.* veut dire « nom » et *m.* veut dire « masculin ».)

a) gouttelette: _____

b) materner: _____

c) alors: _____

d) brouet: _____

e) héliciculteur: _____

f) maya: _____

6. Essaie de trouver le sens des mots suivants. Ensuite, vérifie ta réponse dans le dictionnaire.

a) *pianissimo*: ta définition: _____

La définition du dictionnaire: _____

b) *rollmops*: ta définition: _____

La définition du dictionnaire: _____

c) *hardes*: ta définition: _____

La définition du dictionnaire: _____

d) *triplex*: ta définition: _____

La définition du dictionnaire: _____

e) *cavalcade*: ta définition: _____

La définition du dictionnaire: _____

f) *zizanie*: ta définition: _____

La définition du dictionnaire: _____

Exercices

7. Associe l'onomatopée à sa signification.

boire   chute   douleur   éternuement   explosion   frapper à la porte
horloge   sonnette   téléphone

a) aïe: _____   b) atchoum: _____   c) boum: _____

d) badaboum: _____   e) ding dong: _____   f) dring: _____

g) glou glou: _____   h) tic tac: _____   i) toc toc: _____

8. Replace les mots au bon endroit pour que le poème ait du sens et rime.

peine   langueur   trahison   pluie

IL PLEURE DANS MON CŒUR
Paul Verlaine

Il pleure dans mon cœur   Il pleure sans raison
Comme il pleut sur la ville;   Dans ce cœur qui s'écœure.
Quelle est cette _____   Quoi! nulle _____? ...
Qui pénètre mon cœur?   Ce deuil est sans raison.

Ô bruit doux de la pluie   C'est bien la pire _____
Par terre et sur les toits!   De ne savoir pourquoi
Pour un cœur qui s'ennuie,   Sans amour et sans haine
Ô le chant de la _____!   Mon cœur a tant de peine!

9. Trouve des mots qui riment avec les mots suivants.

a) danser: _____

b) auto: _____

c) partie: _____

d) cœur: _____

e) secret: _____

1. Explique en tes mots à quoi servent les signes de ponctuation suivants.

a) point: _____

b) virgule: _____

c) point d'interrogation: _____

d) deux-points: _____

e) point d'exclamation: _____

f) tiret: _____

g) guillemets: _____

2. Cherche les mots suivants dans le dictionnaire. Écris la définition. N'oublie pas d'indiquer de quelle classe de mots il s'agit.

a) romancer: _____

Ce mot est un: _____

b) roman: _____

Ce mot est un: _____

c) romancier: _____

Ce mot est un: _____

d) romanesque: _____

Ce mot est un: _____

3. Que remarques-tu de similaire à propos de ces quatre mots?

_____

4. Écris les onomatopées qui représentent le cri des animaux suivants.

a) âne: _____   b) vache: _____   c) poule: _____

d) chien: _____   e) chat: _____   f) mouton: _____

5. Trouve la réponse aux devinettes.

a) Un sport qui rime avec *supprime*: _____

b) Un instrument de musique qui rime avec *marteau*: _____

Test

1. Dans cet extrait du livre de Charles Dickens, *Le cantique de Noël*, l'auteur fait une description d'Ebenezer Scrooge. Cherche dans le dictionnaire les mots en gras et écris la définition sous le texte.

Oh! il tenait bien le poing fermé sur la **meule**, le bonhomme Scrooge! Le vieux **pécheur** était un **avare** qui savait saisir fortement, arracher, tordre, **pressurer**, gratter, ne point lâcher surtout! Dur et tranchant comme une pierre à fusil dont jamais l'acier n'a fait jaillir une étincelle généreuse, secret, renfermé en lui-même et solitaire comme une huître. Le froid qui était au dedans de lui gelait son vieux visage, pinçait son nez pointu, ridait sa joue, rendait sa démarche **roide** et ses yeux rouges, bleuissait ses lèvres minces et se manifestait au dehors par le son **aigre** de sa voix. Une gelée blanche recouvrait **constamment** sa tête, ses sourcils et son menton fin et nerveux. Il portait toujours et partout avec lui sa température au-dessous de zéro; il glaçait son bureau aux jours **caniculaires** et ne le dégelait pas d'un degré à Noël.

La chaleur et le froid extérieurs avaient peu d'influence sur Scrooge. Les **ardeurs** de l'été ne pouvaient le réchauffer, et l'hiver le plus **rigoureux** ne parvenait pas à le refroidir. Aucun souffle de vent n'était plus **âpre** que lui. Jamais neige en tombant n'alla plus droit à son but, jamais pluie battante ne fut plus **inexorable**. Le mauvais temps ne savait par où trouver prise sur lui; les plus fortes averses, la neige, la grêle, les **giboulées** ne pouvaient se vanter d'avoir sur lui qu'un avantage: elles tombaient souvent «avec profusion». Scrooge ne connut jamais ce mot.

a) meule: _____

b) pécheur: _____

c) avare: _____

d) pressurer: _____

e) roide: _____

f) aigre: _____

g) constamment: _____

h) caniculaire: _____

i) ardeur: _____

j) rigoureux: _____

k) âpre: _____

l) inexorable: _____

m) giboulée: _____

Exercices

2. Trouve la réponse aux devinettes suivantes.

a) Une étendue d'eau qui rime avec *parc*. _____

b) Un outil de jardinier qui rime avec *cœur*. _____

c) Une partie de l'ordinateur qui rime avec *parent*. _____

d) Une héroïne de conte de fées qui rime avec *ballon*. _____

e) Un appareil électroménager qui rime avec *sittelle*. _____

f) Un vêtement qui rime avec *radeau*. _____

g) Une figure géométrique qui rime avec *pâté*. _____

h) Un vêtement de nuit qui rime avec *avocat*. _____

i) Le nom d'une mer d'Europe qui rime avec *curé*. _____

j) Le nom d'une province canadienne qui rime avec *soda*. _____

k) Le nom d'un pays d'Amérique du Nord qui rime avec *souris*. _____

3. Un calligramme est un poème qui prend la forme d'un objet dont on parle dans le poème. Regarde ce qu'a fait Apollinaire avec la cravate. Compose un texte à propos des nuages et écris-le dans le nuage.

LA CRAVATE
DOU
LOU
REUSE
QUE TU
PORTES
ET QUI T'
ORNE Ô CI
VILISÉ
OTE-   TU VEUX
LA   BIEN
SI   RESPI
           RER

Guillaume Apollinaire

Exercices

85

4. Souligne la phrase dans laquelle la ou les virgules sont au bon endroit.

a) Vous savez dit-elle je ne pourrai pas venir. Vous savez, dit-elle, je ne pourrai pas venir.

b) Tu auras, dans dix jours, le résultat de tes examens. Tu auras dans dix jours, le résultat de tes examens.

c) Yannick saura, s'il continue à étudier, la table de neuf. Yannick saura s'il continue à étudier la table de neuf.

d) Madame Tremblay la directrice de l'école vous adressera un mot. Madame Tremblay, la directrice de l'école, vous adressera un mot.

e) À la prochaine rencontre Suzanne vous donnera l'horaire des matchs. À la prochaine rencontre, Suzanne vous donnera l'horaire des matchs.

f) Isaac, lui, saura quoi faire dans ce cas. Isaac lui, saura quoi faire dans ce cas.

g) En ce qui me concerne ce sujet ne m'intéresse pas. En ce qui me concerne, ce sujet ne m'intéresse pas.

h) Si nous voulons, nous pouvons réussir. Si nous voulons nous pouvons réussir.

i) Toi tu ne pourras pas participer au tirage. Toi, tu ne pourras pas participer au tirage.

j) Jamal déteste les guêpes, les araignées, et les fourmis. Jamal déteste les guêpes, les araignées et les fourmis.

k) Joëlle voulait partir en voyage mais elle n'avait pas reçu son passeport. Joëlle voulait partir en voyage, mais elle n'avait pas reçu son passeport.

5. Ajoute le ou les signes de ponctuation manquants.

a) As-tu vu le coucher de soleil hier soir

b) Quel dommage d'avoir raté votre avion

c) Le dentiste a dit « Brossez-vous les dents après chaque repas »

d) Julia a-t-elle répondu correctement à la question

e) L'otarie séduit le public par ses drôles de jeux

f) J'ai trouvé le numéro de téléphone de mon ami dans l'annuaire

g) Raïcha a mis dans son sac d'école ses crayons sa règle, sa calculatrice et ses livres

1. Trouve un homophone pour chacun des mots suivants.

a) foie : _____

b) voix : _____

c) point : _____

d) encre : _____

e) dent : _____

f) poids : _____

g) sept : _____

h) laid : _____

i) son : _____

j) mets : _____

k) sang : _____

l) scie : _____

2. Recopie les mots composés suivants en ajoutant le trait d'union au bon endroit.

a) belledejour : _____

b) sansabri : _____

c) sousmarin : _____

d) gratteciel : _____

e) gardecôte : _____

f) cassetête : _____

g) stationservice : _____

h) rincebouche : _____

i) troublefête : _____

j) chauvesouris : _____

3. Recopie les phrases suivantes en ajoutant une majuscule là où il le faut.

a) les français, les anglais et les italiens parlent respectivement le français, l'anglais et l'italien.

_____

b) le chef du restaurant africain au coin de la rue s'appelle bwerani.

_____

c) les allemands ont envahi paris durant la deuxième guerre mondiale.

_____

4. Écris en lettres les nombres suivants.

a) 21 : _____

b) 72 : _____

c) 94 : _____

d) 54 : _____

e) 133 : _____

f) 86 : _____

g) 61 : _____

h) 33 : _____

i) 29 : _____

Test

1. Complète les phrases en choisissant le bon mot parmi les homophones proposés.

a) Mathieu veut régler _____ comptes tout seul.

(ces, ses, c'est)

b) _____ difficile de réussir les épreuves de qualification en ski.

(Ces, Ses, C'est)

c) _____ hommes ne veulent pas se joindre aux autres.

(Ces, Ses, C'est)

d) _____ ton imperméable, car il pleut beaucoup.

(Mais, M'est, Mets)

e) Juliette aurait voulu jouer aux cartes, _____ elle n'avait pas de partenaire.

(mais, m'est, mets)

f) Il _____ malheureusement impossible de me joindre à votre groupe.

(mais, m'est, mets)

g) Simon et Louis _____ demandé d'apporter ton ballon de soccer.

(ton, thon, t'ont)

h) Mon père et ses amis sont allés pêcher le _____ en haute mer.

(ton, thon, t'ont)

i) N'oublie pas _____ livre de mathématique et _____ livre de français.

(ton, thon, t'ont)   (ton, thon, t'ont)

j) Alexandra n' _____ pas voulu partager son goûter.

(à, a)

k) Dominic vendait de la limonade _____ ses amis de l'école.

(à, a)

l) Mathilde et Sofia ont visité le _____ spatial.

(quand, camp)

m) _____ Éliane mange trop, elle a mal au ventre.

(Quand, Camp)

n) _____ conservez-vous les fournitures scolaires supplémentaires ?

(Où, Ou)

o) Roberto se demande s'il doit apporter son dictionnaire _____ sa grammaire.

(où, ou)

2. En te servant de la banque de mots, forme des mots composés. N'oublie pas le trait d'union.

après	cerf	chauve	chou	clés	fleur	fils	grand	haut

midi	petit	parleur	père	porte	sol	souris	sous	volant

a) _____ b) _____ c) _____

d) _____ e) _____ f) _____

g) _____ h) _____ i) _____

3. Récris les mots suivants en ajoutant le trait d'union au bon endroit.

a) oiseaumouche : _____ b) tirebouchon : _____

c) têteàtête : _____ d) arcenciel : _____

e) grandoncle : _____ f) aprèsmidi : _____

g) avanthier : _____ h) bellefille : _____

i) grandpère : _____ j) mijambe : _____

k) cijoint : _____ l) ceuxci : _____

m) horslaloi : _____ n) amusegueule : _____

4. Écris en lettres les nombres suivants.

a) 88 : _____ b) 91 : _____ c) 52 : _____

d) 66 : _____ e) 19 : _____ f) 39 : _____

g) 41 : _____ h) 99 : _____ i) 122 : _____

5. Écris les nombres suivants en chiffres.

a) cent deux : _____ b) neuf cent quatre-vingt-dix-neuf : _____

c) soixante-dix-neuf : _____ d) cent quatre-vingt-un : _____

e) deux mille : _____ f) huit cent trente-cinq : _____

6. Ajoute un *g* majuscule si c'est un nom propre et un *g* minuscule s'il s'agit d'un nom commun.

a) ____uinée   b) ____isèle   c) ____irafe   d) ____âteau

e) ____entil   f) ____uadeloupe   g) ____aston   h) ____orille

i) ____éométrie   j) ____uatemala   k) ____auche   l) ____relot

7. Recopie le texte suivant en ajoutant les majuscules aux endroits appropriés. Prends une autre feuille si nécessaire.

toute la famille met la main à la pâte pour les préparatifs du départ. stéphanie fait sa valise toute seule pour la première fois. elle est un peu stressée. elle a peur d'oublier des choses. son frère, antoine, doit vérifier si tout ce qui est sur sa liste est bien dans la voiture. c'est lui qui est en charge de l'équipement pour le camping. demain matin, la famille part pour la virginie. c'est la première fois que stéphanie va aux états-unis. elle a vraiment hâte. ils arrêteront à washington pour visiter le smithsonian institute en allant et en revenant, ils feront un arrêt de deux jours pour visiter la ville de new york. stéphanie rêve de vivre dans cette ville et de devenir une vraie new-yorkaise. un jour, peut-être. en attendant, elle vit au québec et est une jeune québécoise qui doit se dépêcher de finir ce qu'elle a à faire.

elle est un peu distraite. elle revoit les images du livre qu'elle a lu sur la virginie. elle se fera dorer au soleil sur une belle plage de sable blond. elle ira faire une excursion en mer pour observer les dauphins. elle a tellement hâte qu'elle se demande si elle arrivera à dormir cette nuit.

1. Trouve un homophone pour chacun des mots suivants.

a) ère: _____   b) mer: _____   c) philtre: _____

d) cou: _____   e) vert: _____   f) mante: _____

g) champ: _____   h) chêne: _____   i) c'est: _____

j) cher: _____   k) pin: _____   l) sont: _____

2. Recopie les mots composés suivants en ajoutant le trait d'union au bon endroit si nécessaire.

a) portefenêtre: _____   b) soidisant: _____

c) portefeuille: _____   d) bonhomme: _____

e) laissezpasser: _____   f) madame: _____

g) sagefemme: _____   h) paratonnerre: _____

i) pourboire: _____   j) perceneige: _____

3. Recopie les phrases suivantes en ajoutant une majuscule là où il le faut.

a) mon amie maria est italienne. elle vient de venise.

_____

b) nawel est née en algérie, mais elle vit au québec depuis longtemps.

_____

c) yves et mathieu ont visité trois-rivières l'été dernier.

_____

4. Écris en lettres les nombres suivants.

a) 52: _____   b) 34: _____   c) 20: _____

d) 99: _____   e) 24: _____   f) 47: _____

g) 89: _____   h) 82: _____   i) 36: _____

Test

1. Utilise le bon homophone pour compléter la phrase.

a) Martine a reçu un _____ sur la tête.

         (cou, coup)

b) Carla s'est étirée le _____ pour mieux voir.

         (cou, coup)

c) Mon grand-père a planté un _____ devant la maison.

         (pain, pin)

d) Caroline a acheté du _____ à la boulangerie.

         (pain, pin)

e) Ma _____ a planté plusieurs rosiers dans la cour arrière.

    (mère, mer)

f) La _____ était vraiment trop agitée pour faire de la voile.

    (mère, mer)

g) L'immense bateau de croisière a levé l' _____ hier matin.

         (ancre, encre)

h) Je n'ai plus d'_____ dans mon imprimante.

     (ancre, encre)

i) La chanteuse du groupe de mon frère a vraiment une belle _____ .

                                   (voie, voix)

j) Peu de voitures circulaient sur la _____ rapide ce matin.

         (voie, voix)

k) _____ femme a travaillé à la même station de radio que ma mère.

  (Sept, Cette)

l) Mon père me lisait *Blanche-Neige et les* _____ *nains* tous les soirs.

         (*sept, cette*)

m) Le dentiste m'a arraché une _____ de sagesse hier matin.

         (dent, dans)

n) Toute la famille était entassée _____ une minuscule voiture.

         (dent, dans)

2. Utilise *on* ou *ont* pour compléter les phrases.

a) Patrice et Sébastien _____ chanté une chanson au spectacle de Noël.

b) _____ ne pouvait plus retrouver le chemin qui menait au refuge.

3. Utilise *ou* ou *où* pour compléter les phrases.

a) Mariane et Catherine iront à Baie-Comeau _____ à Sept-Îles pour les vacances.

b) Le trésor est caché là _____ le pirate a planté un cocotier et une fougère.

4. Utilise *mon* ou *m'ont* pour compléter les phrases.

a) L'équipe de basketball et l'entraîneur _____ donné un ballon de la NBA.

b) _____ amie Anne-Sophie est allée voir un spectacle d'Avril Lavigne à Toronto.

5. Utilise *mes*, *m'est* ou *mais* pour compléter les phrases.

a) Il _____ arrivé une aventure extraordinaire que je vous raconterai demain.

b) Marie-Ève et Simon-Pierre ne seront pas là, _____ ils enverront une note.

c) _____ cousins et mes cousines viendront tous nous visiter à Pâques.

6. Utilise *son* ou *sont* pour compléter les phrases.

a) Olivia a perdu _____ lecteur MP3 que je lui avais donné pour son anniversaire.

b) Robert a vendu _____ cheval à une future athlète olympique.

7. Utilise *sa* ou *ça* pour compléter la phrase.

a) Hedwige a donné _____ plus belle robe à son amie Francesca.

b) Toutes les filles de la bande étaient convaincues que _____ ne marcherait pas.

8. Utilise *a* ou *à* pour compléter la phrase.

a) Benjamin _____ souhaité bonne chance à son père et à sa mère.

b) Thierry ne veut pas aller _____ San Francisco durant la semaine de relâche.

Exercices

9. Recopie les textes en ajoutant les majuscules aux bons endroits.

momo, le cheval, s'est enfui au galop pour aller rejoindre son jumeau qui broute près du ruisseau. un oiseau est perché sur son épaule et lui picore la peau. les deux frères ont chaud. ils sautent par-dessus la barrière et vont rejoindre le taureau, le saumon rose et l'agneau qui se rafraîchissent dans l'eau. vite, il faut rentrer, un orage approche. aussitôt, ils se sauvent au trot pour se mettre à l'abri au château.

_____

_____

_____

_____

_____

_____

jacinthe, je voulais te remercier de m'avoir accueillie chez toi, à bromont, la fin de semaine dernière. je me rappellerai toujours ma promenade sur ta jument belle. ton chien max m'a fait beaucoup rire lorsqu'il a voulu mordre cannelle, ton cheval.

durant mon trajet de retour vers trois-rivières, j'ai parlé avec une fille qui s'appelle pauline. elle étudie à l'université de montréal en médecine. c'était très intéressant. je me demande bien ce que j'aimerais faire plus tard.

j'attends de tes nouvelles!

_____

_____

_____

_____

_____

_____

10. Écris les nombres suivants en lettres.

a) 39: _____   b) 50: _____   c) 71: _____

11. Écris le plus de noms composés possible.

_____

_____

Exercices

1. Explique le sens des expressions suivantes.

a) Se plier en quatre. _____

b) Mettre les pieds dans le plat. _____

c) Avoir un chat dans la gorge. _____

d) Les murs ont des oreilles. _____

e) N'y voir que du feu. _____

f) Nager dans le bonheur. _____

g) Manger les pissenlits par la racine. _____

h) Ne pas vendre la peau de l'ours avant de l'avoir tué. _____

i) Ne pas être dans son assiette. _____

2. Corrige les anglicismes dans les phrases suivantes.

a) Célina est allée prendre une marche. _____

b) Benjamin a ciré ses skis. _____

c) Félix a un appointement chez le dentiste. _____

d) Marie-Hélène fait ses devoirs à chaque soir. _____

e) J'ai mis deux tranches de pain dans le toaster. _____

f) Rosalie et Véronique ont chatté toute la soirée. _____

3. Trouve le sens des proverbes suivants.

a) Le chat parti, les souris dansent. _____

b) L'appétit vient en mangeant. _____

c) Chat échaudé craint l'eau froide. _____

d) On ne fait pas d'omelette sans casser d'œufs. _____

Test

1. Explique le sens des expressions suivantes.

a) C'est la goutte d'eau qui fait déborder le vase.

_____

b) Ma mère se sent comme un poisson dans l'eau à son nouveau travail.

_____

c) Vincent a l'habitude de jeter l'argent par les fenêtres.

_____

d) Coralie est tombée dans les pommes quand elle a vu un voleur dans sa chambre.

_____

e) Pauvre Mégane, elle est haute comme trois pommes.

_____

f) Jonathan a bu la tasse lorsqu'il est tombé dans la mer.

_____

g) Mon père m'a dit qu'il avait d'autres chats à fouetter quand je lui ai demandé de m'aider.

_____

h) Simon a vraiment la langue bien pendue.

_____

i) La voisine de ma grand-mère est bavarde comme une pie.

_____

j) Patrice s'est mis le doigt dans l'œil.

_____

k) Mon frère Jean-Sébastien n'est pas du tout dans son assiette.

_____

l) Olivia est une éternelle optimiste : elle voit toujours la vie en rose.

_____

m) Victor refusait de répondre. On aurait dit qu'un chat avait avalé sa langue.

_____

n) Ma tante avait la puce à l'oreille après nous avoir demandé qui avait cassé le vase dans le salon.

_____

Exercices

2. Pour chaque lettre, souligne la phrase qui contient un anglicisme.

a) Le bumper du camion du livreur de meubles est abîmé. Le pare-chocs du camion du livreur de meubles est abîmé.

b) Julie a acheté du dentifrice à la pharmacie. Julie a acheté de la pâte à dents à la pharmacie.

c) Émile a eu un bon discount sur mes vêtements. Émile a eu un bon rabais sur mes vêtements.

d) Les élèves ont donné une bonne main d'applaudissement à la directrice. Les élèves ont applaudi à tout rompre la directrice.

e) Sophie a remplacé les piles dans son lecteur MP3. Sophie a remplacé les batteries dans son lecteur MP3.

f) Marguerite a retourné un appel téléphonique. Marguerite a fait un appel téléphonique.

g) Ils servaient des boissons au restaurant. Ils servaient des breuvages au restaurant.

h) Le spectacle de fin d'année était full cool. Le spectacle de fin d'année était vraiment bon.

i) Marc-Antoine et Jean-Christophe ont pris leur bicyclette pour aller à l'école. Marc-Antoine et Jean-Christophe ont pris leur bicycle pour aller à l'école.

j) Nous supportons l'équipe de football de notre école. Nous encourageons l'équipe de football de notre école.

k) À date, tout va bien. Jusqu'à maintenant, tout va bien.

l) Mon oncle a un abonnement au théâtre du Bois. Mon oncle a des billets de saison au théâtre du Bois.

m) Nous avons acheté des livres pour une chanson. Nous avons acheté des livres pour une bouchée de pain.

n) Les élèves ont posé une question. Les élèves ont demandé une question.

o) Félix a kické très fort le ballon. Félix a frappé très fort le ballon.

p) Le gardien était loin de son but quand l'équipe adverse a compté. Le gardien était loin de son goal quand l'équipe adverse a compté.

Exercices

3. Écris à côté de chaque proverbe le numéro de sa définition.

1. Les apparences sont souvent trompeuses. 2. Commencer par la fin. 3. Le temps bien employé est profitable. 4. Il faut réfléchir avant de parler. 5. À force de s'exercer à une chose, on y devient habile. 6. On redoute même l'apparence de ce qui nous a déjà nui. 7. Il vaut mieux parfois agir tardivement que pas du tout. 8. Quand le responsable est absent, les subordonnés en profitent. 9. Se dit à propos de quelqu'un qui a des goûts étranges. 10. Il ne faut pas intervenir dans une dispute. 11. Celui qui provoque des situations fâcheuses en subira les conséquences. 12. C'est à ses actes qu'on reconnaît la valeur de quelqu'un. 13. Celui qui est convaincu d'avoir raison écoute rarement les autres. 14. Celui qui avoue ses fautes est plus facilement pardonné. 15. Celui qui a trop faim n'écoute rien.

a) Ventre affamé n'a point d'oreille. _____

b) Le temps c'est de l'argent. _____

c) Tous les goûts sont dans la nature. _____

d) Qui sème le vent récolte la tempête. _____

e) Mettre la charrue devant les bœufs. _____

f) Le chat parti, les souris dansent. _____

g) Mieux vaut tard que jamais. _____

h) Il n'est pire aveugle que celui qui ne veut pas voir. _____

i) Péché avoué est à demi pardonné. _____

j) Il faut tourner sa langue sept fois dans sa bouche avant de parler. _____

k) C'est en forgeant qu'on devient forgeron. _____

l) Chat échaudé craint l'eau froide. _____

m) Entre l'arbre et l'écorce, il ne faut pas mettre le doigt. _____

n) L'habit ne fait pas le moine. _____

o) On reconnaît l'arbre à ses fruits. _____

Exercices

1. Explique le sens des expressions suivantes.

a) Être dans la lune. _____

b) Avoir les yeux plus grands que la panse. _____

c) Manger comme un cochon. _____

d) Passer l'arme à gauche. _____

e) Broyer du noir. _____

f) Avoir le cœur en écharpe. _____

2. Corrige les anglicismes dans les phrases suivantes.

a) Je ne trouve plus le remote control. _____

b) Le coach était content de notre victoire. _____

c) Je n'ai pas de change pour 10 $. _____

d) Justine a pitché la balle dans le champ. _____

e) Il faut une balle pour jouer au soccer. _____

3. Trouve le sens des proverbes suivants.

a) Rien ne sert de courir, il faut partir à point. _____

b) Le jeu n'en vaut pas la chandelle. _____

c) Œil pour œil, dent pour dent. _____

d) Plus on est de fous, plus on rit. _____

e) Qui va à la chasse perd sa place. _____

f) Les bons comptes font de bons amis. _____

g) L'air ne fait pas la chanson. _____

h) Qui ne dit mot consent. _____

Test

1. Écris l'expression au sens figuré qui correspond à chacune des illustrations.

a)

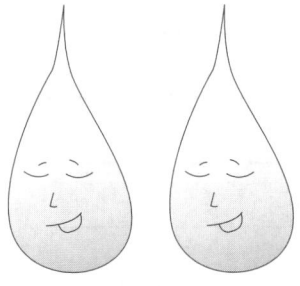

_____

b)

_____

c)

_____

d)

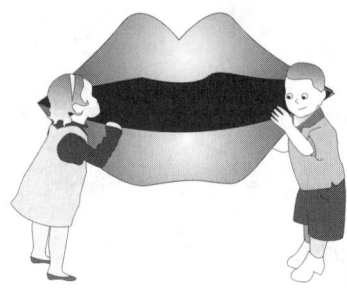

_____

e)

_____

f)

_____

2. Pour chaque lettre, souligne la phrase qui est au sens propre.

a) Josiane avait une dent contre Sébastien. Josiane avait mal aux dents.

b) Amy a un petit nez. Amy m'a ri au nez.

c) Mario n'en fait qu'à sa tête. Mario a mal à la tête.

d) Valérie avait l'impression que le temps lui filait entre les doigts. Valérie s'est cassé un doigt.

e) Pascal s'est lavé les mains. Pascal s'est fait prendre la main dans le sac.

3. Corrige les phrases suivantes. Elles contiennent toutes un anglicisme.

a) Ma tante est le nouveau boss à l'usine de carton.

_____

b) Léon s'est fait arrêter par une police.

_____

c) Le spectacle de danse a été cancellé.

_____

d) J'ai rencontré le chanteur pendant l'intermission.

_____

e) Le joueur de drum était vraiment bon.

_____

f) Richard s'est acheté un walkman.

_____

g) Marjolaine a addé toutes les adresses de son amie dans son carnet.

_____

h) Nous supportons l'équipe de soccer de notre école.

_____

i) J'ai demandé à ma mère de me donner un lift.

_____

j) Jean-Marc est mon grand chum.

_____

k) J'ai vu un super bon show hier soir.

_____

l) Les vis de la roue étaient lousses.

_____

m) Cette chanson est vraiment cool.

_____

n) Mon père cherche le remote control partout.

_____

Exercices

4. Écris à côté de chaque définition le numéro du proverbe correspondant.

1. Au royaume des borgnes, les aveugles sont rois. 2. Il n'y a pas de fumée sans feu.
3. L'occasion fait le larron. 4. Il y a loin de la coupe aux lèvres. 5. Entre l'arbre et l'écorce, il ne faut pas mettre le doigt. 6. Toute peine mérite un salaire. 7. Déshabiller Pierre pour habiller Paul. 8. Qui aime bien châtie bien. 9. On ne fait pas d'omelette sans casser d'œufs.
10. Si jeunesse savait, si vieillesse pouvait. 11. À méchant ouvrier, point de bons outils. 12. Bien faire et laisser dire. 13. Petit à petit, l'oiseau fait son nid. 14. Quiconque se sert de l'épée périra par l'épée. 15. Il faut tourner sa langue sept fois dans sa bouche avant de parler.
16. Le chat parti, les souris dansent.

a) L'occasion peut inciter quelqu'un à commettre un acte auquel il n'aurait pas songé. _____

b) Il faut bien faire les choses et ne pas se préoccuper des critiques. _____

c) Qui aime ne craint pas de sévir si nécessaire. _____

d) Avec une volonté et à force de persévérance, on atteint notre but. _____

e) Il peut arriver bien des choses entre le désir et la réalisation d'un projet. _____

f) Celui qui use de violence sera victime de la violence. _____

g) On brille au milieu des sots quand on a peu d'intelligence. _____

h) Quand le responsable est absent, les subordonnés en profitent. _____

i) Les jeunes manquent d'expérience et les plus âgés manquent de force. _____

j) Il y a souvent un fond de vérité dans les rumeurs. _____

k) Chacun doit être payé pour le travail effectué. _____

l) Il ne faut pas intervenir dans les conflits entre des gens qu'on connaît. _____

m) Le mauvais ouvrier qui fait du mauvais travail rejette le blâme sur ses outils. _____

n) Emprunter à quelqu'un pour rembourser quelqu'un d'autre. _____

o) On n'arrive pas à un résultat sans peine. _____

p) Il faut réfléchir avant de parler. _____

Exercices

1. Lis le texte et réponds aux questions.

UNE HISTOIRE DE LOUP-GAROU
Wenceslas-Eugène Dick

C'était à Saint-François de l'île d'Orléans — l'île des Sorciers — un soir de novembre. Le *fricot*[1] était terminé. Mais on ne se leva pas de table pour cela. L'inépuisable cruche fit encore une fois le recensement des convives, versant à chacun une dernière rasade de rhum.

Puis vinrent les histoires.

D'abord anodines et d'une gaieté fortement épicée, elles ne tardèrent pas à prendre une tournure plus en rapport avec la prédilection ordinaire des narrateurs et auditeurs. De drolatiques, elles devinrent sérieuses, puis extraordinaires, puis tout à fait lugubres.

Ce fut Antoine Bouet, l'huissier beau parleur, l'avocat du village, qui les amena sensiblement sur ce terrain, où il était chez lui.

Ambroise Campagna venait de terminer une histoire dans laquelle un quêteux[2] avait jeté un *sort* aux bêtes à cornes de son oncle, Baptiste Morency; et, comme il était quelque peu esprit fort, ce Campagna, il n'avait pas manqué d'ajouter:

— Vous en croirez ce que vous voudrez; mais, pour moi, je trouve que tous ces contes-là, c'est des bêtises.

— Des bêtises! interrompit vivement Antoine; tu en parles bien à ton aise, Ambroise Campagna. Il pourrait bien t'en cuire, mon garçon, pour refuser ainsi de croire aux châtiments que le bon Dieu nous envoie par l'entremise de ses amis, les pauvres.

Il faut dire ici, entre parenthèses, que ce finaud d'Ambroise avait toujours le nom de Dieu à la bouche, bien qu'il fût moins croyant que n'importe qui.

— C'est vrai! murmura-t-on, Ambroise aura *quelque chose*.

— Remarque, ami Ambroise, que je ne te le souhaite pas, au moins, reprit Antoine... Mais si jamais il t'arrivait comme à ce pauvre Jean Plante, de l'Argentenay...

— Qu'est-ce qui est arrivé à Jean Plante? demanda-t-on avec une curiosité inquiète.

— Voilà! reprit solennellement Antoine, tout fier d'avoir mis la puce à l'oreille de son auditoire et, se plaçant à califourchon sur une chaise, dans l'attitude du conteur qui se dispose à produire de l'effet.

— Si nous allumions avant de commencer! fit observer une voix.

— Oui! oui! bourrons les pipes! répondit-on de partout. Antoine est beau parleur et en a pour longtemps. D'ailleurs, on goûte mieux une histoire en *tirant une touche*.

Pipes, calumets, brûle-gueules[3] et blagues à tabac sortirent simultanément de toutes les poches, et ce fut enveloppé, comme Jupiter tonnant, d'un nuage de fumée qu'Antoine Bouet, le beau parleur, commença son récit.

---

1. Viande en ragoût.
2. Mendiant.
3. Pipes.

Jean Plante, de l'Argentenay, dit-il, était comme Ambroise Campagna ; il ne croyait pas aux loups-garous, il riait des revenants, il se moquait des sorts. Quand on en parlait devant lui, il ne manquait jamais de dire avec un gros ricanement : « Je voudrais en rencontrer un de vos revenants ou de vos loups-garous : c'est moi qui vous l'arrangerais de la belle manière ! »

Propos inconvenants, vous l'avouerez, et qu'on ne devrait jamais entendre sortir de la bouche d'un chrétien qui respecte les secrets du bon Dieu !

— Ne va pas croire au moins, Ambroise, que je dis ça pour toi... je parle en général.

Il faut vous dire, mes amis, que Jean Plante vivait alors — il y a de ça une trentaine d'années — dans un vieux moulin à farine situé en bas des côtes de l'Argentenay, à pas moins de vingt arpents de la plus proche habitation. Il avait avec lui, pendant le jour, son jeune frère Thomas, pour l'aider à faire le plus gros de l'ouvrage. Mais, la nuit, il couchait tout seul au second étage.

C'est qu'il n'était pas peureux, Jean Plante, et qu'on aurait bien couru toute l'île d'Orléans pour trouver son pareil.

Il était, en outre de cela, pas mal ivrogne et colère en diable, quand il se trouvait chaud — ce qui lui arrivait six jours sur huit. Dans cet état, je vous assure qu'il ne faisait pas bon le regarder de travers ou lui dire un mot plus haut que l'autre : le méchant homme était capable de vous flanquer des coups de la grande faux qu'on voyait toujours accrochée près de son lit.

Or, il arriva qu'un après-midi où Jean Plante avait levé le coude un nombre incalculable de fois, un *quêteux* se présenta au moulin et demanda la charité pour l'amour du bon Dieu.

— La charité ! fainéant !... Attends un peu, je vais te la faire, la charité ! cria Jean, qui courut sur le pauvre homme et lui donna un grand coup de pied dans le derrière.

Le *quêteux* ne dit pas mot ; mais il braqua sur le meunier une paire de z'yeux qui aurait dû le faire réfléchir. Puis il descendit lentement l'escalier et s'en alla.

Au pied de la côte du moulin, il rencontra Thomas qui arrivait avec une charge d'avoine.

— La charité, pour l'amour du bon Dieu ?... demanda-t-il poliment, en ôtant son vieux chapeau.

— Va au diable : j'ai pas le temps ! répondit durement Thomas, qui se mit à fouetter ses bœufs.

Comme tout à l'heure, le *quêteux* ne souffla mot ; mais il étendit sa main sèche du côté du moulin et disparut au milieu des arbres.

* * *

Ici le narrateur fit une pause habile, pour exciter davantage la curiosité de son auditoire — lequel pourtant, suspendu aux lèvres d'Antoine, n'avait certes pas besoin de cet aiguillon.

Puis il secoua la cendre de sa pipe sur l'ongle de son pouce et reprit :

— Le *quêteux* n'avait pas plus tôt fait ce geste que, cric ! crac ! le moulin s'arrêta net.

Test

Jean lâcha un juron et s'en fut voir ce qu'il y avait. Mais il eut beau examiner la grand' roue, les petites roues d'engrenage, les courroies et tout le bataclan... il ne trouva rien. Tout paraissait en ordre. L'eau ne manquait pas, non plus.

Il appela son frère :

— Hé ! Thomas !

— Ensuite ?

— Le moulin est arrêté.

— Je le vois bien.

— De quoi est-ce que ça dépend ?

— J'en sais rien.

— Comment !... T'en sais rien !... Mais c'est qu'il faut le savoir, mon gars.

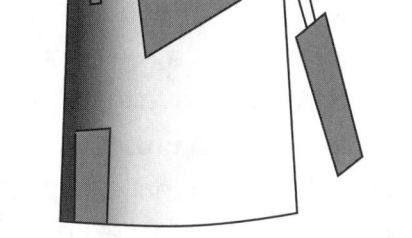

— C'est pas mon affaire, à moi. Regarde ce qu'il a, ton moulin.

— Ah ! ah ! c'est pas ton affaire !... On va voir ça, mon garçon. Rempoche-moi un peu d'avoine que tu viens de jeter dans la trémie[4] : il y a des pierres dedans, je le gagerais.

— Y a pas de cailloux dans mon avoine. Je les aurais vus, je suppose.

— T'as pas la vue bonne aujourd'hui. Rempoche tout de suite, ou sinon...

— Viens-y donc pour voir ! répondit aigrement Thomas. Mais il n'eut pas plus tôt regardé les yeux gris, tout pleins d'étincelles, de son frère Jean, qu'il se baissa immédiatement et se mit en devoir de vider le grand entonnoir où, comme vous savez, on jette le grain destiné à être moulu.

La meule se trouva bientôt à découvert.

Jean se baissa à son tour, tâta, palpa, fit toutes les simagrées imaginables.

Rien.

— C'est pas mal drôle, tout de même, cette affaire-là... marmonna-t-il entre ses dents : tout est correct, et cependant le moulin ne veut pas marcher.

— Je sais ce que c'est ! fit tout à coup Thomas, en se frappant le front.

— Si tu le sais, dis-le donc, imbécile.

— C'est le maudit *quêteux* de tout à l'heure qui lui a jeté un sort.

— Cré bête ! tiens, voilà où je les loge, moi, les sorts, ricana Jean Plante, en allongeant à son frère un maître coup de pied.

Ce pauvre Thomas, il en souleva de terre et alla tomber sur les mains à dix pieds plus loin. Quand il se releva, il était bleu de colère et il courut tout droit sur Jean. Mais le meunier, qui pouvait en rosser une demi-douzaine comme celui-là, lui prit les poignets et l'arrêta court.

— Halte-là ! mon gars, dit-il : on ne lève pas la main sur Jean Plante, ou il en cuit.

---

4. Sorte de grand entonnoir.

Thomas vit bien qu'il n'était pas le plus fort. Pleurant de rage, il alla ramasser son chapeau.

Puis il sortit, en montrant le poing à son frère et en lui disant d'un ton de menace :

— Quand tu me reverras !...

* * *

Jean resta donc seul.

Tout le reste de l'après-midi, il l'employa à essayer de faire marcher son moulin. Mais, bernique ! la grand' roue faisait un tour, puis, crac ! la mécanique s'arrêtait net.

— On verra demain ce qui l'empêche d'aller, se dit à la fin Jean Plante. En attendant, fêtons, puisqu'il n'y a pas autre chose à faire.

Et notre homme installa sa cruche sur la table et se mit à boire, que c'était un plaisir. Un verre de rhum n'attendait pas l'autre, si bien qu'à minuit il était soûl comme une bourrique.

Il songea alors à se coucher.

C'est une chose facile à faire quand on est à jeun et qu'un bon lit nous attend ; mais, quand les jambes refusent de nous porter, il faut s'y prendre à plusieurs fois pour réussir. Or, cette nuit-là, le meunier avait les pattes de derrière molles comme de la laine. Il se cognait à tous les meubles et prenait des embardées qui l'éloignaient toujours de sa paillasse.

Finalement il se fâcha.

— Ah ! ça ! dit-il en se disposant à essayer une dernière fois, de ce coup-là, je me lance pour la mort ou pour la vie.

Et il prit son élan, les bras en avant. Mais ce ne fut pas son grabat qu'il atteignit : ce fut la porte de l'escalier, restée entr'ouverte.

Jean roula jusqu'en bas, comme un paquet de linge, et se trouva dehors, à la belle étoile.

Essayer de remonter ?... Impossible. Il fallut donc passer la nuit là, au beau milieu du bois et avec la terre dure pour paillasse.

Aussi, quoique soûl, Jean ne put fermer l'œil. Il s'amusa à compter les étoiles et à voir les nuages glisser sur la lune.

Vers environ deux heures du matin, un grand vent du nord s'éleva, qui, s'engouffrant dans la cage de l'escalier, éteignit la chandelle restée allumée dans le moulin.

— Merci, monsieur le vent, dit Jean Plante : vous êtes plus ménagé que moi, vous soufflez ma chandelle.

Et il se mit à ricaner. Mais son plaisir ne dura pas longtemps.

La lumière reparut au bout de cinq minutes, et, pendant une bonne heure, elle se promena d'une fenêtre à l'autre, comme si une main invisible l'eût fait marcher. En même temps, il arrivait de l'intérieur du moulin des bruits de chaînes, des gémissements, des cris étouffés, que c'était à faire dresser les cheveux sur la tête et à croire que tous les diables d'enfer faisaient sabbat là-dedans.

Puis, quand ce tapage effrayant eut cessé, ce fut autre chose.

Test

Des feux follets bleus, verts, livides, rouges, se mirent à danser sur le toit et à courir d'un pignon à l'autre. Il y en eut même qui vinrent effleurer la figure du pauvre ivrogne au point qu'ils lui roussirent un peu la chevelure et la barbe.

Enfin, pour combler la mesure, une espèce de grand chien à poil roux, haut de trois pieds au moins, rôdait au milieu des arbres, s'arrêtant parfois et dardant sur le meunier deux gros yeux qui brillaient comme des charbons enflammés.

Jean Plante avait froid dans le dos et les cheveux hérissés comme les poils d'un porc-épic. Il essaya plusieurs fois de se relever, pour prendre sa course vers les maisons. Mais la terreur le paralysait autant que l'ivresse, et il ne put en venir à bout qu'au petit jour, alors que toutes les épouvantes de cette nuit terrible avaient disparu.

Avec la clarté du soleil, Jean retrouva son courage et se moqua de ce qu'il avait vu. Pourtant il lui resta une certaine douleur, qui l'empêcha d'abord d'en rire bien franchement. Mais il n'eut pas aussitôt lampé deux ou trois bons verres de rhum, qu'il redevint *gouailleur*[5] comme la veille et se mit à défier tous les revenants et les loups-garous de l'île de venir lui faire peur.

* * *

La journée se passa en essais inutiles pour faire repartir le moulin. Il était ensorcelé tout de bon, car il n'y eut pas tant seulement moyen de lui faire faire de suite deux tours de roue.

Jean vit approcher le soir avec une certaine appréhension. Il avait beau se dire qu'il avait rêvé la nuit précédente, son esprit n'était pas en repos. Mais, comme l'orgueil l'empêchait de monter aux maisons, où l'on n'aurait pas manqué de le railler, il coucha bravement au moulin — non toutefois sans avoir soigneusement fermé portes et fenêtres.

Tout alla bien jusqu'à minuit.

Jean se flattait que la scène de la veille ne se renouvellerait plus et qu'il pouvait compter sur un bon *somme*.

Mais... ding! ding! comme le douzième tintement de l'horloge finissait de résonner, le tapage recommença. V'lan! un coup de poing ici; boum! un coup de pied là... Puis des lamentations!... puis des gémissements de chaînes!... puis des éclats de rire... des chuchotements... des lueurs soudaines... des souffles étranges qui se croisaient dans la chambre — bref, un charivari à faire mourir de frayeur!

Jean, lui, se fâcha blanc. Il bondit sur sa grande faux et, jurant comme un possédé, il fureta dans toutes les chambres du moulin, sans même en excepter le grenier.

Mais — chose curieuse — quand le meunier arrivait dans un endroit, le bruit y cessait aussitôt pour se reproduire à la place qu'il venait de quitter.

C'était à en devenir fou.

De guerre lasse, Jean Plante regagna son lit et ramena les couvertures par-dessus sa tête : ce qui ne l'empêcha pas de grelotter de fièvre tout le reste de la nuit.

* * *

---

5. Railleur, moqueur.

Cela dura ainsi pendant toute une semaine.

Le soir de la huitième journée — qui se trouvait être le propre jour de la Toussaint — Jean veillait encore seul. Il n'avait pas été à la messe, sous prétexte qu'il *faisait trop mauvais,* aimant mieux passer son temps à *buvasser*[6] et braver le bon Dieu.

Il était pourtant bien changé, le pauvre homme. Sa figure bouffie et ses yeux brillants de fièvre disaient assez quelle affreuse semaine d'insomnie il avait passée.

Au dehors, le vent du nord-est faisait rage, fouettant les vitres avec une petite pluie fine, qui durait depuis le matin.

Pas la moindre lune au firmament. Une nuit noire comme de l'encre !

Jean était accoté sur la table, en face de son éternelle cruche, qu'il regardait d'un air hébété.

La chandelle fumait, laissant retomber sur le suif son *lumignon* carbonisé.

Il faisait noir dans la chambre.

Tout à coup, l'horloge sonna onze heures.

Jean Plante tressaillit et fit mine de se lever. Mais l'orgueil le fit retomber sur sa chaise.

— Il ne sera pas dit que je céderai... murmura-t-il d'une voix farouche. Je n'ai pas peur, moi !... Non, non, je n'ai peur de rien !

Et il se versa à boire d'un air de défi.

Minuit arriva. L'horloge se mit à sonner lentement ses douze coups : ding ! ding ! ding !...

Jean ne bougea pas.

Il comptait les coups et regardait partout, les yeux grands comme des verres de montres.

Au dernier tintement, flac ! une rafale de vent ouvrit violemment la porte, et le grand chien roux de la première nuit apparut.

Il s'assit sur son derrière, près du chambranle, et se mit tranquillement à regarder Jean Plante, sans détourner la vue une seule seconde.

Pendant cinq bonnes minutes, le meunier et le chien se dévisagèrent comme ça — le premier rempli d'épouvante et les cheveux droits sur la tête, le second calme et menaçant.

À la fin, Jean n'y put tenir. Il se leva et voulut moucher la chandelle, pour mieux voir...

La chandelle s'éteignit sous ses doigts.

Jean chercha vite le paquet d'allumettes qui devait se trouver sur la table...

Le paquet d'allumettes n'y était plus.

Alors il eut véritablement peur et se mit à reculer dans la direction de son lit, observant toujours l'animal immobile.

Celui-ci se leva lentement et se mit à se promener de long en large dans la chambre, se rapprochant peu à peu du lit.

Ses yeux étaient devenus brillants comme des globes de feu, et il les tenait toujours attachés sur le meunier.

---

6. Boire sans arrêt.

Test

Quand il ne fut plus qu'à trois pas de Jean Plante, le pauvre homme perdit la tête et sauta sur sa faux.

— C'est un loup-garou! cria-t-il d'une voix étranglée.

Et, ramenant avec force son arme, il en frappa furieusement l'animal.

Aussitôt, il arriva une chose bien surprenante. Le moulin se prit à marcher comme un tonnerre, pendant qu'une lueur soudaine envahissait la chambre.

Thomas Plante venait de surgir, tenant une allumette enflammée dans ses doigts.

Le grand chien s'était évanoui!

Sans souffler mot, Thomas ralluma la chandelle. Puis, apercevant son frère qui tenait toujours sa faux:

— Ah! ça! dit-il, que diable faisais-tu donc là, à la noirceur? Deviendrais-tu fou, par hasard?

Jean, livide et hagard, ne répondit pas. Il regardait Thomas, à qui il manquait un bout de l'oreille droite.

— Qui t'a arrangé l'oreille comme ça? demanda-t-il d'une voix qui n'était plus qu'un souffle.

— Tu le sais bien! répondit durement Thomas. Jean se baissa et ramassa par terre un bout d'oreille de chien, encore saignant.

— C'était donc toi! murmura-t-il. Et, portant la main à son front, il éclata d'un rire lugubre. Jean Plante était fou!

Test

a) Qui est le narrateur de cette histoire? _____

b) Où est réuni le groupe d'hommes qui raconte des histoires? _____

_____

c) Écris le nom des hommes mentionnés qui sont présents ce soir-là. _____

d) Que boivent les hommes réunis ce soir-là? _____

e) Dans quel village vit Jean Plante? _____

f) Nomme trois choses dont Jean Plante se moquait, riait ou n'avait pas peur. _____

_____

g) Dans quel genre d'habitation vivait Jean Plante? _____

h) Qui travaillait avec Jean Plante? _____

i) Qu'a fait Jean Plante au mendiant qui lui demandait la charité? _____

_____

j) Qu'est-il arrivé après que le mendiant eut étendu sa main vers le moulin? _____

_____

k) Est-ce qu'il y avait des cailloux dans l'avoine? _____

l) Comment étaient les jambes du meunier après avoir ingurgité une grande quantité
d'alcool? _____

m) Où Jean Plante a-t-il dormi cette nuit-là? _____

n) Décris les bruits qu'on entendait dans le moulin cette nuit-là. _____

_____

o) Pendant combien de jours ont duré les étranges phénomènes au moulin? _____

p) Pourquoi Jean Plante n'est-il pas allé à la messe? _____

q) La dernière nuit, qu'est-ce qui est apparu à la porte au douzième coup de minuit?

_____

r) Qu'est-ce qui manquait à Thomas? _____

s) Est-ce que Thomas était un loup-garou? _____

t) Explique ce qu'est un loup-garou. _____

_____

u) Qu'est-il arrivé à Jean Plante? _____

Test

1. Lis le texte et réponds aux questions.

LES SAUTERELLES
Alphonse Daudet

Encore un souvenir d'Algérie, et puis nous reviendrons au moulin...

La nuit de mon arrivée dans cette ferme du Sahel[1], je ne pouvais pas dormir. Le pays nouveau, l'agitation du voyage, les aboiements des chacals, puis une chaleur énervante, oppressante, un étouffement complet, comme si les mailles de la moustiquaire n'avaient pas laissé passer un souffle d'air. Quand j'ouvris ma fenêtre, au petit jour, une brume d'été lourde, lentement remuée, frangée aux bords de noir et de rose, flottait dans l'air comme un nuage de poudre sur un champ de bataille. Pas une feuille ne bougeait, et dans ces beaux jardins que j'avais sous les yeux, les vignes espacées sur les pentes au grand soleil qui fait les vins sucrés, les fruits d'Europe abrités dans un coin d'ombre, les petits orangers, les mandariniers en longues files microscopiques, tout gardait le même aspect morne, cette immobilité des feuilles attendant l'orage. Les bananiers eux-mêmes, ces grands roseaux vert tendre, toujours agités par quelque souffle qui emmêle leur fine chevelure si légère, se dressaient silencieux et droits, en panaches réguliers.

Je restai un moment à regarder cette plantation merveilleuse, où tous les arbres du monde se trouvaient réunis, donnant chacun dans leur saison leurs fleurs et leurs fruits dépaysés. Entre les champs de blé et les massifs de chênes-lièges, un cours d'eau luisait, rafraîchissant à voir par cette matinée étouffante ; et tout en admirant le luxe et l'ordre de ces choses, cette belle ferme avec ses arcades moresques, ses terrasses toutes blanches d'aube, les écuries et les hangars groupés autour je songeais qu'il y a vingt ans, quand ces braves gens étaient venus s'installer dans ce vallon du Sahel, ils n'avaient trouvé qu'une méchante baraque de cantonnier, une terre inculte hérissée de palmiers nains et de lentisques[2]. Tout à créer, tout à construire. À chaque instant des révoltes d'Arabes. Il fallait laisser la charrue pour faire le coup de feu. Ensuite les maladies, les ophtalmies, les fièvres, les récoltes manquées, les tâtonnements de l'inexpérience, la lutte avec une administration bornée, toujours flottante. Que d'efforts ! Que de fatigues ! Quelle surveillance incessante !

Encore maintenant, malgré les mauvais temps finis et la fortune si chèrement gagnée, tous deux, l'homme et la femme, étaient les premiers levés à la ferme. À cette heure matinale je les entendais aller et venir dans les grandes cuisines du rez-de-chaussée, surveillant le café des travailleurs.

Bientôt une cloche sonna, et au bout d'un moment les ouvriers défilèrent sur la route. Des vignerons de Bourgogne ; des laboureurs kabyles en guenilles, coiffés d'une chéchia[3]

---

1. Autrefois, ce terme désignait les régions proches du littoral en Algérie et en Tunisie.
2. Arbustes des régions méditerranéennes.
3. Coiffure en forme de calotte.

Test

rouge ; des terrassiers mahonnais, les jambes nues ; des Maltais ; des Lucquois ; tout un peuple disparate, difficile à conduire. À chacun d'eux le fermier, devant la porte, distribuait sa tâche de la journée d'une voix brève, un peu rude. Quand il eut fini, le brave homme leva la tête, scruta le ciel d'un air inquiet ; puis m'apercevant à la fenêtre :

— Mauvais temps pour la culture, me dit-il... voilà le sirocco[4].

En effet, à mesure que le soleil se levait, des bouffées d'air, brûlantes, suffocantes, nous arrivaient du sud comme de la porte d'un four ouverte et refermée. On ne savait où se mettre, que devenir. Toute la matinée se passa ainsi. Nous prîmes du café sur les nattes de la galerie, sans avoir le courage de parler ni de bouger. Les chiens allongés, cherchant la fraîcheur des dalles, s'étendaient dans des poses accablées. Le déjeuner nous remit un peu, un déjeuner plantureux et singulier où il y avait des carpes, des truites, du sanglier, du hérisson, le beurre de Staouéli[5], les vins de Crescia[5], des goyaves, des bananes, tout un dépaysement de mets qui ressemblait bien à la nature si complexe dont nous étions entourés... On allait se lever de table. Tout à coup, à la porte-fenêtre fermée pour nous garantir de la chaleur du jardin en fournaise, de grands cris retentirent :

— Les criquets ! les criquets[6] !

Mon hôte devint tout pâle comme un homme à qui on annonce un désastre, et nous sortîmes précipitamment. Pendant dix minutes, ce fut dans l'habitation, si calme tout à l'heure, un bruit de pas précipités, de voix indistinctes, perdues dans l'agitation d'un réveil. De l'ombre des vestibules où ils s'étaient endormis, les serviteurs s'élancèrent dehors en faisant résonner avec des bâtons, des fourches, des fléaux, tous les ustensiles de métal qui leur tombaient sous la main, des chaudrons de cuivre, des bassines, des casseroles. Les bergers soufflaient dans leurs trompes de pâturage. D'autres avaient des conques marines, des cors de chasse. Cela faisait un vacarme effrayant, discordant, que dominaient d'une note suraiguë les « You ! you ! you ! » des femmes arabes accourues d'un douar[7] voisin. Souvent, paraît-il, il suffit d'un grand bruit, d'un frémissement sonore de l'air, pour éloigner les sauterelles, les empêcher de descendre.

Mais où étaient-elles donc, ces terribles bêtes ? Dans le ciel vibrant de chaleur je ne voyais rien qu'un nuage venant à l'horizon, cuivré, compact, comme un nuage de grêle, avec le bruit d'un vent d'orage dans les mille rameaux d'une forêt. C'étaient les sauterelles. Soutenues entre elles par leurs ailes sèches étendues, elles volaient en masse, et malgré nos cris, nos efforts, le nuage s'avançait toujours, projetant dans la plaine une ombre immense. Bientôt il arriva au-dessus de nos têtes ; sur les bords on vit pendant une seconde un effrangement, une déchirure. Comme les premiers grains d'une giboulée, quelques-unes se détachèrent, distinctes, roussâtres ; ensuite toute la nuée creva, et cette grêle

---

4. Vent chaud du sud-est.

5. Régions d'Algérie.

6. Insectes volants et sauteurs très voraces appelés fréquemment et à tort *sauterelles*.

7. Agglomération de tentes disposées en cercle.

Test

d'insectes tomba drue et bruyante. À perte de vue les champs étaient couverts de criquets, de criquets énormes, gros comme le doigt.

Alors le massacre commença. Hideux murmure d'écrasement, de paille broyée. Avec les herses, les pioches, les charrues, on remuait ce sol mouvant ; et plus on en tuait, plus il y en avait. Elles grouillaient par couches, leurs hautes pattes enchevêtrées ; celles du dessus faisant des bonds de détresse, sautant au nez des chevaux attelés pour cet étrange labour. Les chiens de la ferme, ceux du douar, lancés à travers champs, se ruaient sur elles, les broyaient avec fureur. À ce moment, deux compagnies de turcos[8], clairons en tête, arrivèrent au secours des malheureux colons, et la tuerie changea d'aspect.

Au lieu d'écraser les sauterelles, les soldats les flambaient en répandant de longues tracées de poudre.

Fatigué de tuer, écœuré par l'odeur infecte, je rentrai. À l'intérieur de la ferme, il y en avait presque autant que dehors. Elles étaient entrées par les ouvertures des portes, des fenêtres, la baie des cheminées. Au bord des boiseries, dans les rideaux déjà tout mangés, elles se traînaient, tombaient, volaient, grimpaient aux murs blancs avec une ombre gigantesque qui doublait leur laideur. Et toujours cette odeur épouvantable. À dîner, il fallut se passer d'eau. Les citernes, les bassins, les puits, les viviers, tout était infecté. Le soir, dans ma chambre, où l'on en avait pourtant tué des quantités, j'entendis encore des grouillements sous les meubles, et ce craquement d'élytres[9] semblable au pétillement des gousses qui éclatent à la grande chaleur. Cette nuit-là non plus je ne pus pas dormir. D'ailleurs autour de la ferme tout restait éveillé. Des flammes couraient au ras du sol d'un bout à l'autre de la plaine. Les turcos en tuaient toujours.

Le lendemain, quand j'ouvris ma fenêtre comme la veille, les sauterelles étaient parties ; mais quelle ruine elles avaient laissée derrière elles ! Plus une fleur, plus un brin d'herbe, tout était noir, rongé, calciné. Les bananiers, les abricotiers, les pêchers, les mandariniers, se reconnaissaient seulement à l'allure de leurs branches dépouillées, sans le charme, le flottant de la feuille qui est la vie de l'arbre. On nettoyait les pièces d'eau, les citernes. Partout des laboureurs creusaient la terre pour tuer les œufs laissés par les insectes. Chaque motte était retournée, brisée soigneusement. Et le cœur se serrait de voir les mille racines blanches, pleines de sève, qui apparaissaient dans ces écroulements de terre fertile...

---

8. Turcs.
9. Ailes antérieures des coléoptères.

a) Dans quel pays se situe l'action de cette histoire? _____

b) Pourquoi l'auteur n'arrive-t-il pas à dormir la première nuit? _____

_____

c) Décris la brume d'été que voyait l'auteur de sa fenêtre. _____

_____

_____

d) Dans le premier paragraphe, l'auteur mentionne plusieurs variétés d'arbres fruitiers.
Nomme-les tous. _____

_____

e) De quelle nationalité étaient les ouvriers qui se présentaient à la ferme? _____

f) Énumère ce qui a été servi au déjeuner. _____

_____

g) Pourquoi les gens ont-ils fait autant de bruit? _____

h) De quelle grosseur étaient les criquets? _____

i) Comment les soldats s'attaquaient-ils aux criquets? _____

j) Pourquoi a-t-il fallu que l'auteur se passe d'eau au dîner? _____

_____

k) Décris les paysages après le passage des criquets. _____

_____

_____

_____

l) Pourquoi les ouvriers creusaient-ils la terre? _____

m) Résume en quelques mots le texte que tu viens de lire.

_____

_____

_____

_____

_____

n) Écris tous les mots dont tu ne connais pas la signification et cherche-les dans le dictionnaire.

_____

_____

_____

Test

1. Lis le texte et réponds aux questions.

LE CHAMP DU FOU
Paul Arène

Demi-bourgeois et presque riche, il avait, chose invraisemblable, toujours vécu en paysan. Bien mieux, ayant perdu sa femme, il se permit l'idée bizarre de donner tout son bien à des parents éloignés, pour ne garder qu'une rustique maisonnette avec quelque cent mètres de terrain autour, juste ce qu'il pourrait cultiver lui-même ; et depuis ce temps il vivait seul, heureux et seul! dans la familiarité de la nature. C'est pour cela que les gens du pays le croyaient fou.

Rien de joli, d'ailleurs, comme le petit domaine qu'il s'était arrangé au clos Saint-Laze. Un ermite à le voir s'en serait rendu amoureux.

Ce que j'appelais tout à l'heure maisonnette, faute de trouver le terme exact, n'était, en réalité, qu'un creux de rocher que fermait un mur percé d'une fenêtre et d'une porte. Mais le mur était si blanc, un si beau rosier enguirlandait la fenêtre et de si vigoureuses broussailles faisaient corniche à la place du toit, que cette logette valait un château.

À deux pas, une source claire jaillissait du milieu d'un amas de **tufs** et de mousses pour tomber à grand bruit dans un vivier, au-dessous duquel descendait en pente un jardinet arrosé à sa soif même au plus fort de l'été et plein d'arbres et de légumes.

Quelques oliviers, un carré de blé, un cordon de vigne assuraient amplement la subsistance du propriétaire. Mais sur ce sol montueux, tout hérissé d'énormes pierres qu'il aurait fallu attaquer à la mine, bien des coins demeuraient incultes. Le bonhomme les mettait à profit pour y planter toutes sortes de fleurs curieuses et rares qu'il allait chercher dans la montagne ; seulement, n'étant pas ingrat, et voulant rendre à la montagne un peu de ce qu'il lui prenait, il semait des fleurs de jardin aux endroits les plus solitaires, ou bien greffait sur des sauvageons les meilleures qualités de fruits, heureux par avance de l'étonnement des botanistes et des surprises gastronomiques que sa bienfaisante supercherie préparait aux **pâtres** et aux coureurs de bois.

On l'appelait le père Noé, sans doute en manière de sobriquet, à cause de son amour pour les bêtes.

Quand je le connus, du plus loin que je me souvienne, c'était un homme très vieux, tout blanc, et si affaibli par le grand âge qu'il était obligé, la plupart du temps, de laisser les trois quarts de son bien en friche. Il avait des idées étranges là-dessus, prétendant que tout homme ne doit demander que sa part à la terre, et n'eût pas souffert qu'on l'aidât. Il lui arrivait rarement de rentrer toute sa vendange ; son plaisir était de laisser les plus belles grappes sur le cep.

— Il faut bien, disait-il, quelques raisins mûrs pour les grives...

Mais les grives n'étaient pas seules à picorer dans sa vigne, la vigne à personne, comme nous disions entre galopins, et la plus grosse part nous revenait de ses **muscats** amollis et cuits, si doux que leur sucre brûlait la langue.

Le père Noé aimait les petits et nous tolérait volontiers.

Test

Par exemple, chez lui, défense absolue de toucher aux nids et de faire du mal à quoi que ce fût. Le père Noé se montrait sur ce point méticuleux comme un bouddhiste. Aussi son clos nous faisait-il l'effet, dans nos imaginations enfantines, d'un second paradis terrestre où vivaient heureuses, en pleine liberté, toutes les bestioles de la création. Sans compter les oiseaux bruyants et innombrables, de superbes lézards verts, le dos chatoyant et grenu comme une bourse brodée de perles, se chauffaient au soleil un peu partout, le long des muraillettes de pierre sèche étagées en terrasse pour empêcher la bonne terre de glisser. Des lapins ignorants du coup de fusil venaient effrontément galoper et cabrioler à la barbe de leur protecteur ; et dans les crépuscules d'automne, de gros insectes à la silhouette fantastique passaient d'un vol vibrant et lourd sur les nuages pourpres du couchant.

Un jour, vaguant dans le clos Saint-Laze avec l'autorisation du père Noé, nous trouvâmes un lièvre au gîte, de qui les oreilles diaboliquement dressées nous effrayèrent. Car il y avait vraiment de tout dans ce bienheureux clos Saint-Laze, de tout, même un vieux chêne crevassé où logeait un essaim d'abeilles. Le père Noé, sans les tuer ni les mettre en fuite, — ne savait-il pas parler aux bêtes ? — leur prenait chaque printemps quelques rayons de miel, du miel sauvage, du miel d'ours dont il nous faisait des tartines. Et nous étions fiers, pensez donc, de manger ainsi du miel d'ours.

Une après-midi, comme il était en train de faire la moisson de son blé **méteil**, le père Noé fut pris d'un subit malaise.

Il appela un voisin qui dut l'aider à regagner la maisonnette, car ses jambes ne le portaient plus. On rentra les gerbes coupées, mais il fallut laisser sur pied ce qui restait.

— Puisque je n'ai pas pu couper mon blé moi-même, c'est un signe que je n'aurai plus besoin de tant de pain.

On lui fit remarquer qu'il y avait sacrilège à laisser périr le bon grain.

— Attendez l'hiver, attendez, les oiseaux me donneront raison...

Et comme le père Noé passait pour un peu sorcier, tout le monde augura qu'il sentait sa fin, qu'il mourrait bientôt et que la saison serait mauvaise.

En effet, cette année-là, décembre s'annonça terrible.

Les montagnes d'abord apparurent ourlées de neige à leur crête. Puis la neige gagna les plaines ; et, le vent des Alpes soufflant, des flocons se mirent à tomber, lents et drus. Au bout de deux jours, quand le temps s'éclaircit, toute la campagne, à perte de vue, était blanche — fossés comblés, haies recouvertes — et sans les lignes de grands noyers, on n'aurait pas pu reconnaître les routes. Un froid dur avec cela, si dur que les rochers mouillés se recouvraient partout d'une croûte de givre, et que tout l'effort du soleil n'arrivant qu'à fondre un peu de neige à la superficie, elle se gelait aussitôt, luisait, et craquait sous le pied comme verre.

Un matin, ma grand'mère, qui était prieuresse des Pénitents bleus, prit sa chaufferette et sa **mante**.

— Où allez-vous, grand'mère ?

— Garder jusqu'à ce soir le père Noé qui est au plus mal, et lui porter une bouteille de vin cuit.

Test

Malgré le froid, malgré la neige, comme le soleil s'annonçait beau, elle consentit à m'emmener.

— Et dites-moi, grand'mère, l'hiver, comment font les oiseaux pour vivre ?

— Un peu comme ils peuvent, mon mignot. Ceux qui ont de bonnes ailes s'en vont dans des pays où l'on a toujours chaud, par delà la mer, en Afrique. Les autres...

— Oui ! les autres, ceux qui n'ont pas de bonnes ailes ?

— Eh bien, les autres mangent ce qu'ils trouvent, les baies des buissons, les épis oubliés aux champs.

— Mais quand la neige cache les buissons et recouvre les champs ?

— Alors, que veux-tu, ils ont faim, ils meurent.

Je me rappelais précisément avoir vu, le matin même, un moineau mort, près de la fontaine, et comme aucun oiseau ne se montrait le long de la route, je fus pris d'une vague tristesse, m'imaginant qu'en effet tous étaient morts.

Mais à Saint-Laze, quelle surprise !

Sitôt la barrière dépassée, au-dessus du champ de méteil, avec des cris, des froufrous d'ailes, un nuage noir s'éleva.

C'étaient des milliers d'oisillons qui, effrayés par notre vue, se postèrent en observation à la cime des arbres. Puis un se hasarda à revenir, un second l'imita, d'autres suivirent ; et bientôt toute la bande s'abattit de nouveau sur les épis noircis et les tiges brouillées du morceau de moisson que le père Noé avait voulu laisser debout. Ah ! les braves petits oiseaux, c'était à faire à eux de secouer la neige qui tenait les **chaumes** courbés. Ils travaillaient des pieds, du bec. Une vraie orgie, un pillage ! De tous les coins de l'horizon, friquets, pinsons, chardonnerets, venaient pour avoir leur part de l'aubaine ; et, se réchauffant à un rayon de bon soleil que laissait entrer la porte ouverte, le père Noé, de sa cabane, contemplait cela, souriant.

— En voici, en voici encore !

— Mais d'où viennent-ils en si grand nombre, monsieur Noé ?

— Figure-toi, petit, que, l'autre jour, j'avais donné commission à un merle d'aller publier par toute la contrée que la table était mise ici, chez un vieux fou qui va partir et qui a du blé de reste. La commission, paraît-il, a été bien faite... Mais, s'en fourrent-ils, s'en fourrent-ils, les brigands !

Puis, montrant dans un coin un sac qui n'était qu'à moitié vide :

— Mon méteil n'y suffira pas... Je vous charge, quand je serai mort, de leur distribuer encore ceci.

Huit jours après, le père Noé s'étant éteint paisiblement, je m'en allai au clos Saint-Laze, avec quelques mal-peignés de mon âge, pour assister à la cérémonie.

La neige avait un peu fondu. Maintenant, sur le chemin, tout le long des haies, des kyrielles d'oisillons ragaillardis piquaient du bec en gazouillant les perles noires des viornes et les grains de corail des aubépines.

— Regarde-les voler... Écoute comme ils chantent... Le curé ne leur fait peur.

Et nous restâmes persuadés, avec raison peut-être, que c'étaient les oiseaux du clos Saint-Laze, les oiseaux accompagnant pieusement leur ami jusqu'au cimetière.

Test

a) Quelle est la grandeur du terrain conservé par le personnage principal de l'histoire ?

_____

b) Qu'est-ce qui ornait la fenêtre de la maison ? _____

c) Qu'est-ce qui assurait la subsistance du propriétaire de ce terrain ? _____

_____

d) Que semait l'homme dans la montagne ? _____

e) Quel est le nom de cet homme ? _____

f) Pourquoi l'appelait-on ainsi ? _____

g) Pourquoi laissait-il des grappes de raisin sur les ceps ? _____

_____

h) Le père Noé aimait-il les enfants ? _____

i) Quel effet faisait le clos du père Noé sur les enfants ? _____

_____

_____

j) Comment les enfants qualifiaient-ils le miel du père Noé ? _____

k) Qu'a apporté la grand-mère au père Noé ? _____

l) Qu'arrive-t-il aux oiseaux qui ne partent pas vers le sud ou qui ne trouvent pas
à manger ? _____

m) Combien d'oiseaux picoraient dans le champ ? _____

n) Pourquoi les oiseaux sont-ils venus si nombreux ? _____

_____

_____

_____

o) Crois-tu que les oiseaux accompagnaient le père Noé jusqu'au cimetière ?

_____

p) Cherche dans le dictionnaire la définition des mots en caractères gras dans le texte.
Écris les définitions ci-dessous.

_____

_____

_____

Test

1. **Observe les illustrations suivantes. Compose un texte qui explique ce qui est arrivé à ce pauvre homme.**

_____

_____

_____

_____

2. **Observe les illustrations, puis compose un texte qui décrit cette histoire. Utilise des expressions comme *d'abord*, *ensuite* et *finalement*.**

_____

_____

_____

_____

Test

119

1. **Tu dois préparer un texte sur le sport de ton choix. Pour ne rien oublier, note quelques mots qui t'aideront à te rappeler ce que tu dois écrire.**

Nom du sport : _____

Sport individuel ou d'équipe : _____

Règlements principaux : _____

Popularité de ce sport : _____

Les meilleur(e)s joueur(se)s : _____

Les meilleures équipes : _____

Habiletés nécessaires à la pratique de ce sport : _____

Écris ton texte ici.

_____

_____

_____

_____

_____

_____

_____

_____

_____

_____

_____

_____

_____

_____

_____

_____

_____

Exercices

2. Suis les étapes suivantes pour rédiger un texte de ton choix en trois temps (début, milieu, fin) ou en cinq temps (situation de départ, élément déclencheur, péripéties, dénouement, situation finale).

PREMIÈRE ÉTAPE : Trouver des idées

a) Tu dois définir tes champs d'intérêt : le sport, le cinéma, la mode, la lecture, etc.

_____

_____

_____

b) Parmi tous ces sujets, sur lequel aurais-tu envie d'écrire un texte ?

_____

c) Tu dois déterminer pourquoi tu écris : pour informer, pour amuser, pour convaincre, etc., la personne qui te lira.

_____

_____

_____

d) Tu dois décider à qui tu t'adresses : à des amis, à un membre de ta famille, à ton enseignant, etc.

_____

e) Quels événements ont déclenché en toi de l'intérêt pour cette activité ?

_____

_____

_____

f) Explique en quoi cette activité te plaît.

_____

_____

_____

g) Si tu dois faire une courte recherche pour mieux expliquer ton amour de cette activité et son déroulement, sers-toi de cet espace pour prendre des notes.

_____

_____

_____

Exercices

DEUXIÈME ÉTAPE : Regrouper et organiser ses idées

1. Début (introduction) : tu dois annoncer ce dont tu vas parler.

_____

_____

2. Milieu (développement) : tu dois expliquer comment tu as connu cette activité, ce que tu aimes dans cette activité, le déroulement ou les règlements, etc. Regroupe tes différentes idées en paragraphes. Un paragraphe par idée.

_____

_____

_____

_____

_____

3. Fin (conclusion) : tu dois résumer tes principales idées et te demander quelle impression tu veux laisser.

_____

_____

Si tu désires écrire une histoire que tu as inventée, tu devrais l'écrire en cinq temps. Voici les cinq étapes à suivre.

1. Situation de départ

_____

_____

2. Élément déclencheur

_____

_____

3. Péripéties

_____

_____

4. Dénouement

_____

_____

5. Situation finale

_____

_____

Exercices

TROISIÈME ÉTAPE : Rédiger en trois temps

Début (*Premièrement, D'abord, Il était une fois, Un jour, Au début,* etc.)

_____

_____

_____

_____

_____

Milieu (*Deuxièmement, Ensuite,* etc.)

_____

_____

_____

_____

_____

_____

_____

_____

_____

_____

Fin (*Finalement, Pour finir, Alors,* etc.)

_____

_____

_____

_____

_____

Exercices

TROISIÈME ÉTAPE : Rédiger en cinq temps

Situation de départ (*Premièrement, D'abord, Il était une fois, Un jour, Au début*, etc.)

_____

_____

Élément déclencheur (*Soudain, Tout à coup*, etc.)

_____

_____

_____

Péripéties (*Aussitôt, Ensuite, Par hasard*, etc.)

_____

_____

_____

_____

_____

_____

_____

Dénouement (*Alors, Après un moment*, etc.)

_____

_____

_____

_____

Situation finale (*Finalement, Pour finir, Alors*, etc.)

_____

_____

_____

_____

Exercices

**1. Écris un texte sur une personnalité connue (athlète, politicien, artiste, etc.).
    Fais un récit en trois temps: début (introduction), milieu (développement),
    fin (conclusion).**

Voici quelques conseils: décris cette personne physiquement, trouve-lui des qualités,
dis pourquoi tu l'admires, etc.

_____

_____

_____

_____

_____

_____

_____

_____

_____

_____

_____

_____

_____

_____

_____

_____

_____

_____

_____

_____

_____

_____

Test

1. Raconte tes dernières vacances. Pour t'aider, prends quelques notes pour organiser ton récit de manière chronologique.

Mois durant lequel tu as pris tes vacances : _____

Personnes avec qui tu as pris tes vacances : _____

Destination : _____

Endroit où vous dormiez (hôtel, camping, chalet, etc.) : _____

Endroits intéressants que tu as visités : _____

Activités intéressantes que tu as pratiquées : _____

Personnes que tu as rencontrées : _____

_____

Ce que tu as le plus aimé : _____

Ce que tu as le moins aimé : _____

Rédige ton texte.

_____

_____

_____

_____

_____

_____

_____

_____

_____

_____

_____

_____

_____

_____

_____

Exercices

1. Écris les mots qu'un adulte te dictera. Ils sont à la page 155 du corrigé.

1) _____   2) _____   3) _____

4) _____   5) _____   6) _____

7) _____   8) _____   9) _____

10) _____   11) _____   12) _____

13) _____   14) _____   15) _____

16) _____   17) _____   18) _____

19) _____   20) _____   21) _____

22) _____   23) _____   24) _____

25) _____   26) _____   27) _____

28) _____   29) _____   30) _____

31) _____   32) _____   33) _____

34) _____   35) _____   36) _____

37) _____   38) _____   39) _____

40) _____   41) _____   42) _____

2. Recopie trois fois les mots que tu as mal orthographiés.

_____

_____

_____

_____

_____

_____

_____

_____

_____

_____

_____

_____

Test

1. Demande à quelqu'un de te dicter les mots manquants. Ils sont à la page 155 du corrigé.

JEAN PÉPIN

Jean Pépin a vécu il y a presque 150 ans. Bien qu'il ait vécu il y a _____, les fruits de son travail — le _____— sont toujours avec nous. Il est célèbre pour avoir planté des pommiers dans tout le _____. Le vrai nom de Jean Pépin était Jean _____. Les gens l'appelaient Jean Pépin à cause de son amour des pommiers. Jean était un homme simple qui passait _____ tout son temps seul à la belle _____sous les arbres qu'il aimait tant. Il était l'ami de chacun et de chaque _____qu'il a rencontrée. Il semble que les animaux _____ vers lui et n'avaient pas peur. Voici quelques _____ amusantes au sujet de Jean Pépin. Il marchait pieds _____ la plupart du temps, même quand il faisait froid. Les chaussures étaient difficiles à user à cette époque, mais Jean a tant marché qu'il en aurait sûrement usé plusieurs _____. Jean portait un _____ sur la tête au lieu d'un chapeau. En vérité, il l'a _____ porté sur son dos la plupart du temps. Il était petit et les images qu'on voit de lui le montrent dans des _____ deux fois trop grands pour lui. Jean Pépin préférait marcher au lieu d'aller à cheval. Il semait des pépins de pommes partout où il allait. Selon _____, nous n'aurions pas autant de pommes _____ s'il n'avait pas fait tout ce travail, il y a 150 ans. Jean Pépin aimait les _____ et surtout les enfants. Il leur racontait des histoires et leur en lisait dans la pénombre après le souper. Il semble qu'il était triste de ne pas avoir d'enfant. La prochaine fois que vous mordrez dans une pomme, n'oubliez pas de _____ un merci à Jean Pépin.

2. Recopie trois fois les mots que tu as mal orthographiés.

_____

_____

_____

Exercices

3. Demande à quelqu'un de te dicter les mots manquants. Ils sont à la page 155 du corrigé.

UN AUTRE ENFANT

Il était une fois une _____ très riche. Elle avait de beaux _____

et une grande maison. Elle n'avait pas d'enfant, et cela la rendait très triste. Elle a

demandé à un ami : « _____ puis-je avoir un enfant ? »

   Son ami lui a répondu : « Va chez ta pauvre _____ . Elle a douze enfants.

Elle et son mari ne peuvent pas _____ tous leurs enfants. Peut-être t'en

donnera-t-elle un. Tu es riche. Tu peux nourrir les enfants beaucoup _____

qu'elle ne le peut. » La femme riche a demandé à son ami : « _____-tu

qu'elle me donnera un enfant ? » Son ami a répondu : « Pourquoi pas ? Donne-lui un sac

d'or. Je suis _____ qu'elle te donnera un enfant. »

   Le jour _____ , la femme riche a apporté un sac d'or à la petite maison

de la pauvre femme. La pauvre femme a été étonnée de la voir. « Entrez et asseyez-

vous », a-t-elle dit. Les enfants sont venus à leur mère et ont _____ :

« Donne-nous à manger, _____ . Nous avons _____ ! »

La mère a apporté de la soupe au _____ . La pauvre famille n'avait pas

de bol. La mère a versé la soupe dans douze _____ dans le plancher.

Les enfants ont mangé. Alors la mère affamée a bu l'eau qu'ils ont laissée dans les trous.

Elle a levé les _____ et a dit : « Oh, Dieu ! Donnez-moi s'il vous plaît encore

un enfant. _____ j'aurai un peu plus d'eau de riz à boire. »

   La femme riche les regardait _____ . Elle était étonnée d'entendre la

pauvre femme _____ encore un enfant. Elle s'est dit : « Cette femme ne

me donnera jamais un de ses enfants. » Elle a mis le sac d'or dans la _____

de la pauvre femme et a quitté la petite maison. Elle était triste parce qu'elle n'avait

toujours pas d'enfant. Mais, elle avait compris l'_____ qu'une mère éprouve

pour ses enfants.

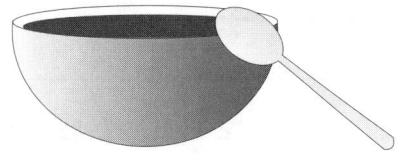

Exercices

4. Demande à quelqu'un de te dicter les mots manquants. Ils sont à la page 155 du corrigé.

LE LAPIN : UNE LÉGENDE MAYA

Au début de la _____, le lapin avait de grandes _____. Le _____, lui, n'en avait pas. Il en était si jaloux qu'il a _____ afin d'obtenir lui aussi de _____ cornes. Le cerf a dit au lapin combien il était _____ et il lui a demandé s'il pouvait emprunter ses cornes, juste pour les essayer et voir si elles lui allaient bien. _____, le lapin a accepté, _____ ce n'était que pour un court moment. Le lapin a déposé ses cornes sur la tête du cerf et le cerf s'est mis à se _____ et à sauter partout en disant qu'il était beau. Il s'est éloigné jusqu'à ce qu'il soit hors de vue. Le lapin s'est inquiété, se rendant finalement compte que le cerf n'allait pas lui rendre ses cornes. Rouge de colère, le lapin s'est plaint au Créateur et a demandé une autre paire de cornes. Le Créateur lui a dit que ce qui avait été fait ne _____ pas être défait. Le lapin _____ devait donc vivre sans cornes. Il a alors demandé s'il pouvait être plus grand afin de montrer son _____ aux autres animaux. Le Créateur a refusé, mais le lapin a _____ supplié et geint que le Créateur s'est penché, a saisi les petites oreilles du lapin et les a _____, étirées. C'est _____ avec ses longues oreilles que le lapin montre _____ son importance.

5. Recopie trois fois les mots que tu as mal orthographiés.

_____

_____

_____

_____

_____

_____

Exercices

1. Écris les mots qu'un adulte te dictera. Ils sont à la page 156 du corrigé.

1) _____   2) _____   3) _____

4) _____   5) _____   6) _____

7) _____   8) _____   9) _____

10) _____   11) _____   12) _____

13) _____   14) _____   15) _____

16) _____   17) _____   18) _____

19) _____   20) _____   21) _____

22) _____   23) _____   24) _____

25) _____   26) _____   27) _____

28) _____   29) _____   30) _____

31) _____   32) _____   33) _____

34) _____   35) _____   36) _____

37) _____   38) _____   39) _____

40) _____   41) _____   42) _____

2. Recopie trois fois les mots que tu as mal orthographiés.

_____

_____

_____

_____

_____

_____

_____

_____

_____

_____

_____

_____

_____

_____

Test

1. Demande à quelqu'un de te dicter les mots manquants. Ils sont à la page 156 du corrigé.

LE GARÇON QUI CRIAIT AU LOUP
Ésope

Il était une fois un petit garçon qui allait parfois aux champs _____ le

mouton. S'il voyait un loup, il devait hurler : « Au loup ! Au loup ! »

Un jour, le petit garçon s'est mis à crier : « Au loup ! Au loup ! » Son père, ses

_____ , ses _____ et les voisins ont accouru pour chasser

le loup. Quand ils sont _____ , le petit garçon se roulait par _____

en riant.

L'_____ suivant, il s'est remis à crier : « Au loup ! Au loup ! »

_____ ont encore accouru pour _____ le loup. Quand ils

sont arrivés, le petit garçon se roulait par terre en riant. Cette fois, les gens se sont

_____ et son père lui dit : « _____ n'est pas bien. Un bon

jour, le loup viendra et tu auras vraiment besoin d'aide, mais _____ ne te

croira, car tu auras menti trop _____ . »

Son père, ses frères et ses voisins ont décidé de lui donner une bonne _____ .

_____ jours plus tard, un des frères s'est déguisé en loup, a

_____ derrière un _____ et a grondé. Le petit garçon a

crié : « Au loup ! Au loup ! » Le loup se _____ de plus en plus. Le petit garçon

a crié de nouveau : « Au loup ! Au loup ! » Il a continué à crier, mais personne n'est venu

l'aider. Le petit garçon était _____ que le loup le mangerait. Il est parti en

_____ vers la maison, se jurant que plus _____ il ne dirait

de mensonge, plus jamais ! Et il n'a plus jamais _____ .

2. Recopie trois fois les mots mal orthographiés.

_____

_____

_____

Exercices

3. Corrige les mots en caractères gras.

ONCLE LAPIN ET ONCLE COYOTE

Il y avait **longtemp** qu'oncle coyote n'avait vu oncle lapin. La **derniere** fois qu'ils s'étaient rencontrés, oncle lapin avait **prommis** à oncle coyote qu'il amènerait ses **nièce** chez oncle coyote pour qu'il fasse un **délicieu** ragoût de lapin. Mais ça ne s'est jamais produit. Depuis, oncle coyote avait voulu prendre oncle lapin au **dépourvue** et l'obliger à tenir sa **prommesse**.

   Un jour, oncle coyote a vu oncle lapin **s'appuiyer** contre un gros rocher en admirant les **canions** qui séparaient la forêt de la forêt dense. Oncle coyote s'est glissé derrière lui et a dit : « Cette fois, vous ne vous **échaperez** pas, oncle lapin. » « Pourquoi dites-vous ça ? » a demandé oncle lapin. « Parce que la dernière fois que je vous ai vu, vous avez promis de m'amener vos nièces pour faire un bon ragoût de lapin. » « Mais je les ai amenées, a dit oncle lapin, je suis allé les **cherché**, mais quand je suis revenu avec elles, vous n'étiez plus **la**. Je peux les amener ici tout de suite si vous le voulez, mais vous devrez d'abord m'aider. » « Vous aider ? Et à faire quoi ? » a demandé oncle coyote. Oncle lapin a répondu : « Je suis ici depuis **plusieur** jours à tenir ce rocher. Si je le lâche, ce sera la fin du monde. De plus, comme vous pouvez le voir, je n'ai pas pu **mangé** et je suis de plus en plus faible. » « Allez, a dit oncle coyote. Allez manger quelque chose et ensuite, amenez-moi vos nièces. J'attendrai ici et je retiendrai le gros rocher pour vous. » « Merci **beaucou**, a répondu oncle lapin. Maintenant, venez ici, juste à côté de moi, oncle coyote, et appuyez-vous contre ce gros rocher. Je vais me déplacer petit à petit et vous pourrez prendre ma place et le tenir comme je le fais. » Oncle coyote a fait comme le **sugérait** oncle lapin. « Il me semble que je tiens le rocher maintenant », a dit oncle coyote. « Très bien, a fait oncle lapin, je serai bientôt de **retoure**. »

   Les heures ont passé, les jours ont passé jusqu'à ce que, **finalemment**, oncle coyote ne pouvant plus tenir ses bras levés plus longtemps, les a laissés tomber. À sa surprise, rien ne s'est passé ; le monde ne s'est pas effondré. Oncle coyote s'est dit : « Encore une fois, ce brillant lapin m'a dupé, mais la prochaine fois, il ne me dupera pas. »

4. Corrige les mots en caractères gras.

LE RENARD QUI A PERDU SON REPAS

Il était une fois une **basse-coure** remplie de bonnes grosses volailles à plumes **picorrant** et placotant.

Puis est venu un renard rusé qui s'est dit : « Oh oh ! Voilà pour ce soir un **excellen** repas de volailles bien grasses. » « Salut mes jolies volailles bien grasses, a fait le renard rusé. Je vais vous manger pour **diner** ce soir. » « Oh, s'il vous plaît, ne nous mangez pas », ont supplié les poules. « Laissez-nous **retourné** dans notre grange », ont dit les canards.

« Malheureusement, je ne crois pas pouvoir faire ça, a dit le renard rusé. Je vous mangerai tous, un par un. » « Oh mon Dieu, mon Dieu, mon Dieu ! » ont dit les oies. « C'est très dur pour nous de **mourire** ainsi, ont dit les dindes. Ne nous laisseriez-vous pas faire une dernière chose avant de nous manger ? » « Oui, a repris le **coque**. Laissez-nous juste un dernier **souhais**. Ensuite, nous nous mettrons en file et vous nous enfilerez dans votre estomac. » « Quel est ce souhait ? » a demandé le renard rusé. « Laissez-nous, s'il vous plaît, **prié** avant que vous nous mangiez », ont proposé les poules. « S'il vous plaît », ont dit les canards. « Très bien, a dit le renard rusé. Je vous **acorderai** juste un souhait, mais faites vite. J'ai très faim. »

Toutes les belles volailles **grasse** se sont mises à prier. « Vous faites trop de bruit, a dit le renard rusé. Priez plus silencieusement. » Mais les belles volailles grasses ont prié plus fort. « J'ai dit plus **silencieusment**, pas plus fort ! » a crié le renard rusé, qui commençait à perdre patience. Mais les poules, les canards, les oies, les dindes et le coq ont prié de leur voix la plus forte.

La **priére** était si forte que le **fèrmier** est aussitôt sorti pour voir ce qui se passait. Quand il a **apperçu** le renard rusé, il a saisi son arme à feu et a couru à la basse-cour pour protéger ses volailles, tirant tout en courant. Le renard rusé s'est enfui vers les **champ**, courant plus vite que les balles du fermier.

Exercices

CORRIGÉ

TEST 1

Le nom

Le nom est un mot variable dont la forme peut changer selon le nombre et parfois le genre. Le nom sert à désigner des réalités comme des personnes, des animaux, des choses, des lieux, des actions, des sentiments.

Le nom est un donneur : il donne son genre et son nombre au déterminant et à l'adjectif qui l'accompagnent.

Le nom simple est formé d'un seul mot. Le nom composé est formé de plusieurs mots (sous-marin, porte-bonheur).

Il y a deux sortes de nom : le nom commun et le nom propre.

Le nom commun : nom qui commence par une lettre minuscule. Il est souvent précédé d'un déterminant. Le nom commun désigne des réalités de manière générale.

Le nom propre commence toujours par une lettre majuscule. Le nom propre désigne :
- des personnes et des personnages : Marie, Antoine, Astérix, Tintin, etc.
- des animaux : Milou, Idéfix, Garfield, etc.
- des lieux : Montréal, Abitibi, Angleterre, etc.
- des populations : des Manitobains, des Français, des Allemands, etc.
- d'autres réalités : nom d'édifice (école Nouvel horizon, hôpital Cité de la santé), nom d'entreprise (éditions Caractère), nom de bateau (Titanic), etc.

Les déterminants

Les déterminants se placent devant le mot qu'ils accompagnent. Ils reçoivent le genre et le nombre de ce même mot.

Les déterminants articles

Ce sont des mots variables qui servent à introduire un nom.

Les déterminants articles sont : le, la, l', les, un, une, des.

Les déterminants contractés

Ils sont formés d'une préposition (à ou de) et d'un article (le ou les) réunis en un seul mot.

Les déterminants contractés sont : au (à + le), du (de + le), aux (à + les), des (de + les).

Les déterminants démonstratifs

Ils s'emploient devant une personne, un animal, une chose ou une réalité que l'on veut montrer.

Les déterminants démonstratifs sont : ce, cet, cette, ces.

Les déterminants possessifs

Ils s'emploient pour indiquer qui possède l'animal, la chose ou la réalité désignée par le nom.

Les déterminants possessifs sont : mon, ma, mes, ton, ta, tes, son, sa, ses, notre, nos, votre, vos, leur, leurs.

Les déterminants numéraux

Ils précisent la quantité de personnes, d'animaux ou de choses que le nom désigne.

Les déterminants numéraux sont : un, une, deux, trois… douze, treize, quatorze,… vingt, trente, cent, mille, etc. (Seuls les déterminants numéraux **un**, **vingt** et **cent** sont variables. Tous les autres sont invariables.)

Les déterminants interrogatifs

Ils s'emploient devant un nom pour poser une question.

Les déterminants interrogatifs sont : quel, quelle, quels, quelles, combien d', combien de.

Les déterminants exclamatifs

Ils s'emploient devant un nom pour exprimer une émotion.

Les déterminants exclamatifs sont : quel, quelle, quels, quelles, que d', que de.

Autres déterminants

Certains, aucun, différents, chaque, toute, etc.

L'adjectif

L'adjectif est un mot variable qui se place généralement après le nom qu'il accompagne, parfois avant. L'adjectif dit comment est la personne, l'animal, la chose ou la réalité désignée par le nom.

Une belle fille.   Des chiens méchants.
Le grand garçon.   La prochaine fois.

L'adjectif est un receveur, c'est-à-dire qu'il reçoit le genre et le nombre du nom qu'il accompagne. Pour l'accord de l'adjectif voir la formation du féminin et la formation du pluriel aux pages 143 et 144.

Les verbes

Le verbe est un mot variable dont la forme peut changer selon le mode et le temps et selon la personne. Il sert à exprimer une action faite par le sujet ou à attribuer une caractéristique au sujet.

Pour repérer un verbe

Le verbe est généralement placé après son groupe sujet et parfois avant. La plupart des verbes permettent d'exprimer une action faite par le sujet.

On peut l'encadrer par « **ne**… **pas** » ou « **n'**… **pas** ».

Il a acheté une maison. Il **n'**a **pas** acheté une maison.
Elle écoute la radio. Elle **n'**écoute **pas** la radio.

On peut également le conjuguer à un autre temps.

Il achètera une maison.

Les principaux temps sont le présent, le passé et le futur.

Le verbe est un receveur, c'est-à-dire qu'il reçoit la personne et le nombre du sujet.

Un verbe est conjugué lorsqu'il n'est pas à l'infinitif ou au participe présent.

Page 7

1. **Noms communs** : acteur, chalet, confort, crayon, dictionnaire, encre, enfant, fenêtre, feuille, gens, hôtel, pays, père, photo, tasse **Noms propres** : Afrique, Australie, Corée, Europe, France, Gaspé, Israël, Jean, Laval, Louise, Montréal, Paul, Saint-Hyacinthe, Turquie, Zoé, **Verbes** : chanter, courir, danser, dormir, dresser, écouter, écrire, imprimer, lire, manger, ouvrir, partir, payer, taper, vieillir **Adjectifs** : beau, bleu, chanceuse, chaud, content, dangereux, délicieux, deuxième, frais, jaloux, minutieuse, neuve, odorant, sale, vieille
Déterminants : des, l', la, le, les, ma, mes, mon, ton, ta, tes, son, sa, un, une

Page 8

1. a) N'importe quel prénom (NP) et moi irons en voyage l'hiver, été ou automne (NC) prochain. Nous hésitons entre (le, la, l') n'importe quel nom de pays (NP) et le Portugal.
b) N'importe quel prénom (NP) habite sur la rue Des Récollets à n'importe quel nom de ville (NP). c) Les habitants (NC) de la France (NP) s'appellent des Français. d) N'importe quel prénom (NP) lit un livre, un magazine, etc. (NC) sur les chevaux sauvages. e) N'importe quel prénom (NP) a gagné le gros lot à la loterie (NC). f) N'importe quel prénom (NP) compose une chanson, une pièce de théâtre, etc. (NC) sur le

thème de l'amour. g) On peut observer des bélugas dans le fleuve <u>Saint-Laurent</u> (NP) près de Tadoussac. h) Coralie a visité <u>Ottawa</u> (NP), la capitale du Canada. i) L'équipe du (de la, de l') <u>n'importe quel nom de pays</u> (NP) a remporté la médaille d'or aux <u>Jeux</u> (NP) olympiques. j) La <u>navette</u> (NC) spatiale a atterri sur la planète <u>n'importe quel nom de planète</u> (NP).

2. **Noms communs** : amis, tasse, paysan, amour, verre, cahier
Noms propres : Grégoire, Cendrillon, Algérie, Gentilly, Stéphanie, Finlandais

3. <u>Les</u> <u>Français</u>, les <u>Québécois</u>, les <u>Belges</u> et les <u>Suisses</u> partagent <u>la</u> même <u>langue</u> : le <u>français</u>. Ma <u>tante</u> <u>Francine</u> habite <u>l'Algérie</u> et elle m'a dit que <u>les</u> <u>Algériens</u> parlent aussi <u>le</u> <u>français</u> en plus de <u>l'arabe</u>. Il faut dire que <u>l'accent</u> québécois est différent de ceux <u>des</u> autres <u>pays</u> francophones.

Page 9

4. Par un <u>beau</u> **dimanche** après-midi <u>ensoleillé</u>, Jennifer et Jason sont partis cueillir des champignons. Ils avaient revêtu des **vêtements** <u>clairs</u> parce qu'ils avaient entendu dire que les **moustiques** <u>voraces</u> étaient attirés par les **couleurs** <u>sombres</u>. Jennifer avait apporté un guide d'identification par mesure de précaution. Il faut faire attention parce que certains **champignons** sont très <u>toxiques</u>. Ils provoquent de <u>douloureuses</u> **crampes** ou peuvent même conduire à une **mort** <u>horrible</u>.

Après avoir soigneusement vérifié leur <u>précieuse</u> **récolte**, Jennifer et Jason ont cuisiné une <u>délicieuse</u> **omelette** aux champignons. Le **ventre** <u>rebondi</u>, ils sont allés faire une promenade pour digérer ce <u>succulent</u> **festin**.

5. nuageux, mauve, joyeux, affreux, honnête, grand, laid

6. a) Mes coéquipiers sont les (meilleurs, pires, etc.) joueurs de la ligue provinciale. b) Les fleurs du Jardin botanique sont (belles, jolies, colorées, etc.). c) J'ai acheté un livre (intéressant, palpitant, ennuyant, etc.). d) C'est une journée (nuageuse, magnifique, pluvieuse, etc.) aujourd'hui. e) Mes parents sont (gentils, généreux, patients, etc.).

Page 10

7. Un jeune garçon et sa petite sœur <u>jouaient</u> au bord d'une fontaine, et voilà qu'ils <u>tombèrent</u> dedans. Au fond, il y <u>avait</u> une nixe. C'<u>est</u> le nom qu'on <u>donne</u> à ces dames des eaux.

— À présent, je vous <u>tiens</u>, leur <u>dit</u>-elle, et vous <u>allez</u> maintenant <u>travailler</u> dur pour moi !

Elle les <u>entraîna</u> avec elle. À la fillette, elle <u>donna</u> à <u>filer</u> de la vilaine filasse toute sale et tout emmêlée, et aussi à <u>porter</u> de l'eau dans un tonneau sans fond ; le garçonnet, lui, <u>eut</u> à <u>couper</u> un arbre avec une hache ; mais pour toute nourriture, les enfants n'<u>avaient</u> que des boulettes dures comme de la pierre. Ce régime et ces travaux <u>exaspérèrent</u> les enfants à tel point qu'ils <u>attendirent</u> le dimanche, quand la dame des eaux se <u>rendait</u> à la messe, et alors ils s'<u>enfuirent</u>.

À son retour de l'église, la nixe <u>vit</u> que les oiseaux n'<u>étaient</u> plus au nid et se <u>lança</u> à leur poursuite avec des bonds énormes. Mais les enfants la <u>virent</u> <u>venir</u> de loin, et la fillette <u>jeta</u> une brosse derrière elle ; la brosse se <u>multiplia</u> et se <u>dressa</u> en une immense montagne de brosses avec une infinité de piquants, des milliers et des milliers de piquants pointus que la nixe <u>dut</u> <u>escalader</u> à grand-peine, mais qu'elle <u>finit</u> tout de même par <u>escalader</u>. Voyant qu'elle <u>avait franchi</u> ce mont des Brosses, le garçonnet <u>jeta</u> derrière lui un peigne, qui <u>devint</u> un énorme mont des Peignes avec des milliers de milliers de dents pointues <u>dressées</u> devant la nixe. Mais elle <u>savait</u> se tenir sur ces dents et elle <u>finit</u> par <u>franchir</u> le mont des Peignes.

Alors, la fillette <u>jeta</u> derrière elle un miroir qui <u>donna</u> une montagne de miroirs, mais si brillants, si polis et si lisses que jamais elle ne <u>put</u> s'y <u>tenir</u> et <u>monter</u> dessus.

— Je <u>vais</u> vite <u>rentrer</u> à la maison <u>prendre</u> ma hache, <u>pensa</u> la nixe, et je <u>briserai</u> ce mont des Glaces.

Mais, par le temps qu'elle <u>revienne</u>, les enfants <u>avaient pris</u> le large et s'<u>étaient enfuis</u> bien plus loin, si bien que la dame n'<u>eût</u> plus qu'à <u>retourner</u> <u>vivre</u> dans sa fontaine.

TEST 1.1
Page 11

1. **La clef d'or** Les frères <u>Grimm</u> (NP)
Un <u>hiver</u> (NC), comme <u>le</u> (D) pays tout entier était <u>recouvert</u> (V) de neige, on envoya un <u>pauvre</u> (A) garçon chercher du <u>bois</u> (NC). Avant même d'en avoir <u>ramassé</u> (V) et d'en avoir chargé sa <u>luge</u> (NC), il <u>était</u> (V) déjà gelé comme <u>une</u> (D) grive. Il se <u>dit</u> (V) alors qu'avant de rentrer à <u>la</u> (D) maison, il allait allumer un <u>petit</u> (A) feu pour se <u>réchauffer</u> (V). Il écarta <u>la</u> (D) neige et, en tâtonnant par terre, il trouva une <u>petite</u> (A) clef d'or. «Une <u>clef</u> (NC) n'est jamais loin d'une <u>serrure</u> (NC)», se <u>dit</u> (V) -il. Il <u>commença</u> (V) à gratter de plus en plus profondément et, en effet, il découvrit une <u>petite</u> (A) boîte en fer. «Pourvu que la clef <u>puisse</u> (V) l'ouvrir, pensa-t-il, elle <u>contient</u> (V) certainement des <u>objets</u> (NC) de <u>grande</u> (A) valeur». Il <u>chercha</u> (V) le trou de <u>la</u> (D) serrure, mais ne le <u>trouva</u> (V) pas ; il <u>finit</u> (V) toutefois par le découvrir ; mais le trou était si petit (A) que le <u>garçon</u> (NC) faillit ne pas le <u>voir</u> (V). Il <u>essaya</u> (V) la clef et, par bonheur, c'était la <u>bonne</u> (A). Il la fit tourner <u>une</u> (D) fois — et maintenant, nous devons <u>attendre</u> (V) qu'il <u>ouvre</u> (V) complètement et qu'il <u>soulève</u> (V) le couvercle ; ce n'est qu'après que nous saurons quels <u>trésors</u> (NC) il a trouvés dans <u>la</u> (D) boîte.

2. a) <u>Les</u> (D) enfants <u>turbulents</u> (A) <u>font</u> (V) du grabuge à l'école (NC) <u>Félix-Leclerc</u> (NP). b) <u>Marie-Josée</u> (NP) <u>cultive</u> (V) des tomates <u>roses</u> (A) dans le <u>jardin</u> (NC) de <u>ses</u> (D) parents. c) Henri <u>connaît</u> (V) le nom des <u>sept</u> (A) merveilles du <u>monde</u> (NC). d) <u>Les</u> (D) <u>jeunes</u> (A) ballerines <u>dansent</u> (V) sur la <u>scène</u> (NC) de la <u>Place-des-Arts</u> (NP).

Page 12

1. Avant l'arrivée des Européens en Amérique du Nord, on <u>comptait</u> environ 50 millions de bisons sur notre continent. La conquête de l'Ouest, la construction de chemins de fer ainsi que la chasse à outrance <u>ont contribué</u> à la diminution de la population de bisons. William Cody, <u>surnommé</u> Buffalo Bill, <u>aurait massacré</u>, en l'espace de 18 mois seulement, 4280 bisons.

Aujourd'hui, environ 250 000 bisons <u>évoluent</u> dans des parcs animaliers, des zoos, des réserves naturelles, mais la grande majorité se <u>trouve</u> sur des fermes d'élevage où on les <u>abat</u> pour leur viande. Les parcs Yellowstone, aux États-Unis, et Wood Buffalo, au Canada, <u>sont</u> les seuls endroits où les bisons <u>vivent</u> en liberté.

Ce symbole des grandes plaines d'autrefois <u>mesure</u> de 2 m à 3,50 m et <u>pèse</u> jusqu'à 1000 kilos. Malgré sa taille et son poids imposants, le bison <u>peut</u> atteindre 60 km/h à la course.

Les femelles et les petits <u>vivent</u> en groupe, une femelle dominante <u>règne</u> sur le troupeau. Le mâle, quant à lui, <u>est</u> solitaire et <u>rejoint</u> le groupe à la saison de reproduction.

2. a) comptait/compter b) ont contribué/ avoir, contribuer c) surnommé/surnommer d) aurait massacré /avoir, massacrer e) évoluent/évoluer f) trouve/trouver g) abat/abattre h) sont/être i) vivent/vivre j) mesure/mesurer k) pèse/peser l) peut/pouvoir m) vivent/vivre n) règne/régner o) est/être p) rejoint/rejoindre

Page 13

3. Réponses au choix, mais voici quelques exemples.

a) Nom : Les Africains font une fête. Adjectif : Le peuple africain refuse l'augmentation de taxes. b) Nom : J'ai mangé un plat de lentilles. Adjectif : Le pneu est plat. c) Nom : Les Aborigènes sont fiers de leur origine. Adjectif : Les peuples aborigènes ne vivent plus comme autrefois. d) Nom : La fin du livre est décevante. Adjectif : Elle porte des bas fins. e) Nom : Donnez aux pauvres. Adjectif : Il est devenu pauvre. f) Nom : Les menteurs seront punis. Adjectif : Les enfants menteurs ne sont pas appréciés. g) Nom : Les Nordiques vivent dans le nord de l'Europe. Adjectif : Elle a un type nordique. h) Nom : Il joue les jeunes premiers au théâtre. Adjectif : Le premier jour du mois, je paie mon loyer. i) Nom : Alice a rangé ses vêtements dans la commode. Adjectif : Cet outil est très commode. j) Nom : Antoine a mis son complet bleu. Adjectif : Le jeu de carte est complet. k) Nom : Le créateur de ce jeu est mon ami. Adjectif : Il a un esprit créateur. l) Nom : Le cultivateur utilise la faux dans le champ. Adjectif : Il a produit un faux rapport. m) Nom : Le rêveur marchait en dormant. Adjectif : Les enfants rêveurs sont souvent dans la lune. n) Nom : C'est une surprise agréable. Adjectif : Ma mère était surprise de nous voir. o) Nom : C'est un secret qu'il ne faut pas dévoiler. Adjectif : C'est un enfant secret. p) Nom : L'idiot du village n'est pas venu ce matin. Adjectif : C'est un homme idiot. q) Nom : Le protecteur de la veuve et de l'orphelin est venu ici. Adjectif : L'enduit protecteur s'est détaché du four. r) Nom : L'hôtelière nous a bien reçus. Adjectif : L'industrie hôtelière est en pleine crise. s) Nom : Les intrigants voulaient prendre le pouvoir. Adjectif : C'est un tableau intrigant. t) Nom : Le sage du village refusait de le rencontrer. Adjectif : C'est une sage décision.

Page 14

4. <u>Beaucoup de</u> personnes se sont rendues à <u>cette</u> foire agricole. <u>La</u> frénésie qui y régnait me rendait heureux. Les <u>trois</u> premiers manèges m'ont donné mal au cœur. Ensuite, j'ai visité <u>les bâtiments</u> où logeaient les animaux. <u>Toutes les</u> bêtes que j'ai vues étaient magnifiques. <u>Ces</u> animaux avaient été lavés et brossés. <u>Chaque poil</u> luisait.

5. Nous nous <u>étalons</u> (verbe) Sur des <u>étalons</u>. (nom) Et nous <u>percherons</u> (verbe) Sur des <u>percherons</u> ! (nom) C'est nous qui <u>bâtons</u>, (verbe) À coup de <u>bâtons</u>, (nom) L'âne des <u>Gottons</u> (nom) Que nous <u>dégottons</u> !... (verbe) Mais nous <u>l'estimons</u> (verbe) Mieux dans les <u>timons</u>. (nom) Nous nous <u>marions</u> (verbe) À vous <u>Marions</u> : (nom) Pour manger, <u>visons</u> (verbe) Au front des <u>visons</u>, (nom) Pour boire, <u>lichons</u> (verbe) L'âpre eau des <u>lichons</u>. (nom) Ce que nous <u>savons</u> (verbe) C'est grâce aux <u>savons</u> (nom) Que nous <u>décochons</u> (verbe) Au gras des <u>cochons</u>. (nom)

TEST 2

Le passé composé

L'auxiliaire **avoir** sert à conjuguer la plupart des verbes. L'auxiliaire **être** est utilisé avec des verbes qui expriment un mouvement comme aller, arriver, entrer, partir ; ou un état comme devenir, mourir, naître, rester.

J'ai mangé	Je suis né(e)
Tu as mangé	Tu es né(e)
Il, elle, on a mangé	Il, elle, on est né (e) (s)
Nous avons mangé	Nous sommes nés (es)
Vous avez mangé	Vous êtes nés (es)
Ils ont mangé	Ils, elles sont nés (es)

Le futur simple

Il sert à exprimer quelque chose qui arrivera dans l'avenir.

Terminaisons du futur simple des verbes réguliers

Personne et nombre	Pronoms personnels	Verbes en -er comme aimer	Verbe en -ir comme finir
1re pers. sing.	je, j'	-rai	-rai
2e pers. sing.	tu	-ras	-ras
3e pers. sing.	il, elle, on	-ra	-ra
1re pers. plur.	nous	-rons	-rons
2e pers. plur.	vous	-rez	-rez
3e pers. plur.	ils, elles	-ront	-ront

L'imparfait de l'indicatif

Permet de situer dans le passé quelque chose qui est en train de se réaliser.

Terminaisons de l'imparfait des verbes réguliers

Personne et nombre	Pronoms personnels	Verbes en -er comme aimer	Verbe en -ir comme finir
1re pers. sing.	je, j'	-ais	-ais
2e pers. sing.	tu	-ais	-ais
3e pers. sing.	il, elle, on	-ait	-ait
1re pers. plur.	nous	-ions	-ions
2e pers. plur.	vous	-iez	-iez
3e pers. plur.	ils, elles	-aient	-aient

Page 15

1. a) passé composé b) imparfait c) passé composé d) passé composé e) futur simple f) imparfait g) futur simple h) imparfait i) passé composé j) imparfait k) imparfait l) passé composé m) passé composé n) futur simple o) imparfait p) passé composé q) imparfait r) futur simple s) passé composé

Page 16

1. a) J'ai joint b) Tu as mis c) Les humoristes ont fini d) Nous avons rendu e) Marie et Patrick ont suivi f) Il a neigé g) Le marchand a pesé h) Vous avez appelé i) Elles ont acheté j) J'ai cru k) Nous avons fui l) Ils ont reçu m) Ils ont pris n) Tu es fatigué o) Vous avez eu p) Les athlètes ont gagné q) Tu as donné r) Ils ont discuté

Page 17

2. a) J'étais, tu étais, il/elle/on était, nous étions, vous étiez, ils/elles étaient b) J'avais, tu avais, il/elle/on avait, nous avions, vous aviez, ils/elles avaient c) J'étudiais, tu étudiais, il/elle/on étudiait, nous étudiions, vous étudiiez, ils/elles étudiaient d) Je disais, tu disais, il/elle/on disait, nous disions, vous disiez, ils/elles disaient e) J'avançais, tu avançais, il/elle/on avançait, nous avancions, vous avanciez, ils/elles avançaient f) J'ouvrais, tu ouvrais, il/elle/on ouvrait, nous ouvrions, vous ouvriez, ils/elles ouvraient g) Je dormais, tu dormais, il/elle/on dormait, nous dormions, vous dormiez, ils/elles dormaient h) Je pouvais, tu pouvais, il/elle/on pouvait, nous pouvions, vous pouviez, ils/elles pouvaient i) Je devais, tu devais, il/elle/on devait, nous devions, vous deviez, ils/elles devaient

Page 18

3. a) Je serai, tu seras, il/elle/on sera, nous serons, vous serez, ils/elles seront b) J'aurai, tu auras, il/elle/on aura, nous aurons, vous aurez, ils/elles auront c) Je changerai, tu changeras, il/elle/on changera, nous changerons, vous changerez, ils/elles changeront d) J'écrirai, tu écriras, il/elle/on écrira, nous écrirons, vous écrirez, ils/elles écriront e) J'appellerai, tu appelleras, il/elle/on appellera, nous appellerons, vous appellerez, ils/elles appelleront f) J'haïrai, tu haïras, il/elle/on haïra, nous haïrons, vous haïrez, ils/elles haïront g) Je danserai, tu danseras, il/elle/on dansera, nous danserons, vous danserez, ils/elles danseront h) Je courrai, tu courras, il/elle/on courra, nous courrons, vous courrez, ils/elles courront i) Je subirai, tu subiras, il/elle/on subira, nous subirons, vous subirez, ils/elles subiront

TEST 2.1

Page 19

1. a) futur simple b) passé composé c) imparfait d) futur simple e) futur simple f) passé composé g) futur simple
2. J'ai participé (passé composé) à un concours. J'étais (imparfait) certaine de gagner le voyage. Malheureusement, quelqu'un d'autre est allé (passé composé) à ma place.
3. a) Je suis allé b) Tu as changé c) Il a dû d) Nous avons éteint
4. a) Je craign**ais** de rencontrer le chien du voisin. b) Vous fais**iez** un château de sable. c) Elles moul**aient** du café pour tous les invités. d) Tu suffis**ais** à peine à rencontrer les exigences du programme de sport. e) Nous viv**ions** à la campagne il y a quelques années. f) Elle voy**ait** à peine plus loin que le bout de son nez.

Page 20

1. a) Elle volera b) Tu incluras c) Ils soustrairont d) Vous accomplirez e) Ils balayeront f) Tu passeras g) Elles ligoteront h) Vous salirez i) Elle sèmera j) Nous jaillirons k) J'emplirai l) Nous avancerons m) J'écrirai n) Tu finiras o) Il fournira p) Nous pourrons q) Vous exprimerez r) Je laverai s) Tu fermeras t) Elle écoutera u) Nous casserons

Page 21

2. Réponse au choix. 3. Réponse au choix. 4. Réponse au choix.
5. a) Je garderai le chien de ma voisine durant une longue période. b) Tu changeras tous les meubles de place sans permission. c) Nous construirons un train avec des bâtonnets. d) Elles pelletteront l'entrée du garage du voisin. e) Il oubliera son devoir de mathématique à la maison. f) Vous écouterez le nouveau disque du groupe de l'école. g) Nous placerons toutes les chaises dans le gymnase de l'école. h) Ils cuiront du macaroni au fromage.

Page 22

6. a) J'ai été, tu as été, il/elle/on a été, nous avons été, vous avez été, ils/elles ont été b) J'ai eu, tu as eu, il/elle/on a eu, nous avons eu, vous avez eu, ils/elles ont eu c) J'ai changé, tu as changé, il/elle/on a changé, nous avons changé, vous avez changé, ils/elles ont changé d) J'ai écrit, tu as écrit, il/elle/on a écrit, nous avons écrit, vous avez écrit, ils/elles ont écrit e) J'ai appelé, tu as appelé, il/elle/on a appelé, nous avons appelé, vous avez appelé, ils/elles ont appelé f) J'ai haï, tu as haï, il/elle/on a haï, nous avons haï, vous avez haï, ils/elles ont haï g) J'ai subi, tu as subi, il/elle/on a subi, nous avons subi, vous avez subi, ils/elles ont subi h) J'ai pu, tu as pu, il/elle/on a pu, nous avons pu, vous avez pu, ils/elles ont pu i) J'ai cassé, tu as cassé, il/elle/on a cassé, nous avons cassé, vous avez cassé, ils/elles ont cassé

TEST 3

Le participe présent

Le participe présent sert à exprimer une action qui a lieu en même temps que l'action du verbe.

Exemple : Les élèves entrèrent dans la classe en criant. Les verbes au participe présent sont invariables.

Le conditionnel présent

Permet d'exprimer des actions, des états ou des événements qui pourraient avoir lieu, mais à plusieurs conditions.

Terminaisons du conditionnel présent des verbes réguliers

Personne et nombre	Pronoms personnels	Verbes en -er comme aimer	Verbe en -ir comme finir
1re pers. sing.	je, j'	-rais	-rais
2e pers. sing.	tu	-rais	-rais
3e pers. sing.	il, elle, on	-rait	-rait
1re pers. plur.	nous	-rions	-rions
2e pers. plur.	vous	-riez	-riez
3e pers. plur.	ils, elles	-raient	-raient

Le subjonctif présent

Terminaisons du conditionnel présent des verbes réguliers

Personne et nombre	Pronoms personnels	Verbes en -er comme aimer	Verbe en -ir comme finir
1re pers. sing.	que je, j'	-e	-e
2e pers. sing.	que tu	-es	-es
3e pers. sing.	qu'il, elle, on	-e	-e
1re pers. plur.	que nous	-ions	-ssions
2e pers. plur.	que vous	-iez	-ssiez
3e pers. plur.	qu'ils, elles	-ent	-ssent

Page 23

1. a) subjonctif présent b) conditionnel présent c) participe présent d) conditionnel présent e) participe présent f) subjonctif présent g) conditionnel présent h) subjonctif présent i) participe présent j) subjonctif présent k) conditionnel présent l) conditionnel présent m) participe présent n) subjonctif présent o) subjonctif présent

Page 24

1. a) Si je ne me tenais pas à la rampe, je **tomberais** par terre. b) N'**écartant** aucune possibilité, il a parlé à tout le monde. c) Il faut que je **palpe** vos jambes pour voir si vous êtes blessée. d) Que nous **noircissions** tous les carrés ne nous aidera pas. e) Que vous **mâchiez** toutes les feuilles de cet arbre ne vous enlèvera pas l'appétit. f) Ils **inventeraient** une machine à voyager dans le temps s'ils en étaient capables. g) Tout en **organisant** le spectacle, Pascale travaillait au dépanneur. h) **Parlant** de Sophie, la voilà. i) Que nous **tassions** les meubles m'arrangerait. j) Elle ne **puerait** pas tant si une mouffette ne l'avait pas arrosée. k) Que nous **sautions** à la corde toute la nuit ne fera pas de nous des championnes. l) Tout en **épousant** la cause des sans-abri, Mathieu aidait les enfants dans le besoin. m) Qu'ils **déduisent** les points en trop n'est que justice.

Page 25

2. a) Je serais, tu serais, il/elle/ serait, nous serions, vous seriez, ils/elles seraient b) J'aurais, tu aurais, il/elle/on aurait, nous aurions, vous auriez, ils/elles auraient c) J'irais, tu irais, il/elle/on irait, nous irions, vous iriez, ils/elles iraient d) Je critiquerais, tu critiquerais, il/elle/on critiquerait, nous critiquerions, vous critiqueriez, ils/elles critiqueraient e) Je dormirais, tu dormirais, il/elle/on dormirait, nous dormirions, vous dormiriez, ils/elles dormiraient f) Je pourrais, tu pourrais, il/elle/on pourrait, nous pourrions, vous pourriez, ils/elles pourraient

3. a) dormant b) étant c) courant d) venant e) aimant f) ouvrant g) disant h) voulant i) dansant j) sachant k) allant l) apercevant

Page 26

4. Que je sois, que tu sois, qu'il/elle/on soit, que nous soyons, que vous soyez, qu'ils/elles soient b) Que j'aie, que tu aies, qu'il/elle/on ait, que nous ayons, que vous ayez, qu'ils/elles aient c) Que je pollue, que tu polluer, qu'il/elle/on pollue, que nous polluions, que vous polluiez, qu'ils/elles polluent d) Que je faiblisse, que tu faiblisses, qu'il/elle/on faiblisse, que nous faiblissions, que vous faiblissiez, qu'ils/elles faiblissent e) Que je garnisse, que tu garnisses, qu'il/elle/on garnisse, que nous garnissions, que vous garnissiez, qu'ils/elles garnissent f) Que j'attache, que tu attaches, qu'il/elle/on attache, que nous attachions, que vous attachiez, qu'ils/elles attachent

5. a) payant b) appréciant c) créant d) broyant e) haïssant f) tenant g) sentant h) mettant i) battant j) plaisant k) croyant l) buvant

TEST 3.1
Page 27

1. a) subjonctif présent b) conditionnel présent c) conditionnel présent d) participe présent e) subjonctif présent f) participe présent g) conditionnel présent h) conditionnel présent

2. Sacha <u>voudrait</u> bien acheter une nouvelle console de jeu. S'il le pouvait, il <u>économiserait</u> son argent de poche, mais il le fait déjà pour aller à la classe verte avec l'école.

3. a) conjuguant b) mouvant c) mentant d) fermant e) observant f) finissant

4. a) Que je couvr**e** tous mes livres d'école ne servirait à rien. Je ne les abîmerai pas. b) Il faut qu'elles observ**ent** attentivement les illustrations du livre pour découvrir les indices. c) Alors que nous parl**ions**, mes amis sont arrivés en trombe. d) Que tu ment**es** nous concerne tous. e) Que Marion et toi soy**ez** en retard nous embête beaucoup. f) Le professeur veut que vous remett**iez** votre devoir demain. g) Qu'ils dans**ent** la rumba ou la salsa conviendra à tous.

Page 28

1. a) Tout en **ouvrant** son présent, Victor regardait la télévision. b) Ils **escaladeraient** la montagne s'ils avaient leur équipement. c) Je **réduirais** le montant de ton allocation si tu travaillais comme promeneur de chien. d) Que la mère de ton amie **donne** ses chiens ne nous concerne pas. e) Tu **écraserais** les raisins avec tes pieds si le vigneron te le demandait. f) Ta mère demande que tu **dises** la vérité. g) En **ayant** toujours votre passeport en main, vous n'aurez pas de problème. h) Nous voulons que vous **calculiez** le montant de l'addition. i) Que je **tienne** le chien en laisse est important. j) Elles sont arrivées sur la scène en **oubliant** leur micro. k) La lionne **rugissant** à toute force fonça sur le zèbre. l) Je **patienterais** si j'en avais le temps. m) Mon père **isolerait** le sous-sol s'il le pouvait.

Page 29

2. a) embêtant b) remisant c) raturant d) prêtant e) emballant f) achalant g) aspirant h) baissant i) épuisant j) évidant k) redisant l) puant m) tenant n) séchant o) repliant

3.

			a	c	c	e	p	t	e	r	a	i	s
	s	e	r	i	o	n	s		
			d	o	n	n	e	r	i	e	z
					j	o	u	e	r	a	i	t
			v	o	u	d	r	a	i	t
				a	g	a	c	e	r	a	i	s
	a	i	m	e	r	a	i	e	n	t
m	a	n	g	e	r	i	o	n	s
			r	e	m	i	s	e	r	i	e	z
			a	u	r	i	o	n	s
l	i	r	i	o	n	s

Page 30

4. Il faut colorier : ramassant, étudiant, disant, dormant, faisant, ouvrant, plaçant, allant, broyant, jetant, souffrant, connaissant, gelant, levant, passant, étant, pesant, cuisant, buvant, adorant, trouvant, fournissant, mangeant, appelant, bouillant, tenant, réglant, giflant, ligotant, comptant, suivant, courant, jouant, chantant, massant, servant, recevant, pouvant, naissant, lavant, devant, plaisant, battant, fuyant, sautant, guérissant, écrivant, lisant, tapant, vivant, rageant

TEST 4

Le radical et la terminaison
Le radical (en gras dans l'exemple ci-dessous) est une partie du verbe qui ne change généralement pas dans la conjugaison. Certains verbes comme pouvoir changent de radical (je peux, je pourrais, que je puisse, etc.).

*J'**aim**e*
*Tu **aim**es*
*Il **aim**e*
*Nous **aim**ons*
*Vous **aim**ez*
*Ils **aim**ent*

La terminaison (soulignée dans l'exemple ci-dessus) est la partie du verbe qui change selon le mode, le temps, le nombre et la personne auxquels le verbe est conjugué.

L'indicatif présent
Sert à indiquer un événement qui survient dans le présent.

Terminaisons de l'indicatif présent des verbes réguliers

Personne et nombre	Pronoms personnels	Verbes en **-er** (sauf aller)	Verbes en **-ir** (font -issant au participe présent)
1re pers. sing.	je, j'	-e	-s
2e pers. sing.	tu	-es	-s
3e pers. sing.	Il, elle, on	-e	-t
1re pers. plur.	nous	-ons	-ons
2e pers. plur.	vous	-ez	-ez
3e pers. plur.	ils, elles	-ent	-ent

L'impératif présent

Il sert à donner des ordres.

Terminaisons des verbes à l'impératif présent

Personne et nombre	Verbes en **-er** comme aimer	Verbes en **-ir** comme finir
2e pers. sing.	-e	-is
1re pers. plur.	-ons	-ons
2e pers. plur.	-ez	-ez

L'impératif présent se conjugue sans pronom seulement aux trois personnes mentionnées ci-dessus.

L'accord du participe passé

Employé seul : il s'accorde avec le nom qu'il accompagne.
   Exemple : Ces femmes épuisées, ne sortaient plus de la maison.
   Employé avec l'auxiliaire **être**, le participe passé s'accorde en genre et en nombre avec le sujet.
   Exemple : Les femmes étaient épuisées par tant de travail.
   Employé avec l'auxiliaire **avoir**, le participe passé s'accorde avec le CD (complément direct) si celui-ci est placé devant.
   Exemple : **Les pommes** que j'ai cueillies.
Si le CD est après le verbe il reste invariable.
   Exemple : Ils ont cueilli des pommes.

Page 31

1. a) ils <u>oser**ont**</u> b) tu <u>entraîner**as**</u> c) ils <u>déracin**ent**</u> d) vous <u>constat**ez**</u> e) je <u>pêcher**ai**</u> f) vous <u>néglig**iez**</u> g) tu <u>trottin**ais**</u> h) elles <u>conduir**ont**</u>

2. a) La maison est **décorée** avec goût. b) Les voleurs sont **arrêtés** par les policiers. c) Marie et Sofia sont **coiffées** avec goût. d) Nous étions **encerclés** par de méchants pirates. e) Mathieu et Vincent seraient **allés** au cinéma, mais ils n'avaient pas d'argent.

3. a) impératif présent b) indicatif présent c) impératif présent d) indicatif présent e) impératif présent f) indicatif présent

4. c) Les enseignantes que j'ai **eues** étaient toutes gentilles. d) J'ai **vu** une belle maison.

Page 32

1. a) Je suis, tu es, il/elle/on est, nous sommes, vous êtes, ils/elles sont b) J'ai, tu as, il/elle/on a, nous avons, vous avez, ils/elles ont c) Je fais, tu fais, il/elle/on fait, nous faisons, vous faites, ils/elles font d) Je dors, tu dors, Il/elle/on dort, nous dormons, vous dormez, ils/elles dorment e) J'entends, tu entends, il/elle/on entend, nous entendons, vous entendez, ils/elles entendent f) Je possède, tu possèdes, il/elle/on possède, nous possédons, vous possédez, ils/elles possèdent

2. a) Sois, soyons, soyez b) aie, ayons, ayez c) fais, faisons, faites

Page 33

3. a) Je <u>constr**uis**</u>, Tu <u>constr**uis**</u>, Il/elle/on <u>constr**uit**</u>, Nous <u>constru**isons**</u>, Vous <u>constru**isez**</u>, Ils/elles <u>constr**uisent**</u>
b) Je <u>surpr**ends**</u>, Tu <u>surpr**ends**</u>, Il/elle/on <u>surpr**end**</u>, Nous <u>surpren**ons**</u>, Vous <u>surpren**ez**</u>, Ils/elles <u>surpren**nent**</u>
c) Je <u>consol**e**</u>, Tu <u>consol**es**</u>, Il/elle/on <u>consol**e**</u>, Nous <u>consol**ons**</u>, Vous <u>consol**ez**</u>, Ils/elles <u>consol**ent**</u> d) <u>constr**uis**</u>, <u>constru**isons**</u>, <u>constru**isez**</u> e) <u>surpr**ends**</u>, <u>surpren**ons**</u>, <u>surpren**ez**</u> f) <u>consol**e**</u>, <u>consol**ons**</u>, <u>consol**ez**</u> g) <u>c**è**d**e**</u>, <u>c**é**d**ons**</u>, <u>c**é**d**ez**</u> h) <u>ouvr**e**</u>, <u>ouvr**ons**</u>, <u>ouvr**ez**</u> i) <u>fin**is**</u>, <u>fin**issons**</u>, <u>fin**issez**</u> j) <u>mang**e**</u>, <u>mang**eons**</u>, <u>mang**ez**</u> k) <u>dev**iens**</u>, <u>deven**ons**</u>, <u>deven**ez**</u> l) <u>d**is**</u>, <u>dis**ons**</u>, <u>dit**es**</u>

Page 34

4. a) Ils sont **ennuyés** par cette histoire interminable.
b) Mélanie est **fatiguée** de porter tous ces paquets. c) Pietro est **embêté** devant la complexité du casse-tête. d) Nous sommes **malmenés** par les vents violents qui soufflent.
e) Sonia et toi êtes **interrompues** ou **interrompus** sans cesse par d'autres élèves. f) Vous êtes **absorbé** ou **absorbés** par vos tâches importantes. g) Elles sont **bombardées** de questions.
h) Brigitte et Laurent sont **effrayés** par le chien menaçant.
i) Léa et Danielle sont **attaquées** par des moustiques voraces.
j) Je suis **agacé** ou **agacée** par le bruit des voitures qui passent.
5. a) Les <u>pommes</u> que j'ai **cueillies** sont délicieuses.
b) Les <u>filles</u> que j'ai **connues** au camp sont restées mes amies. c) Les <u>garçons</u> ont **mangé** des pommes.

TEST 4.1
Page 35
1. a) <u>Nous sommes aveuglés par la lumière du soleil.</u>
b) Elles sont désolés (**désolées**) de vous avoir fait faux bond.
c) David et Robin sont obligé (**obligés**) de construire une barricade autour de leur campement. d) <u>Emma est invitée à une fête donnée en l'honneur des gagnants du tournoi de soccer.</u> e) <u>Charlotte et Philippe sont enchantés par leur voyage aux Açores.</u>
2. Fondée en 1608, Québec <u>est</u> la capitale nationale du Québec. C'<u>est</u> la seule ville fortifiée en Amérique du Nord au nord du Mexique. Ses attraits touristiques <u>sont</u> nombreux. J'ai visité Québec à plusieurs reprises et j'<u>ai</u> bien hâte d'y retourner.
3. a) mens b) mange c) descends d) dors e) vois f) espère
4. <u>envions, cachons, regardons, équilibrons, étouffons</u>
5. a) Tu as déplacés (**déplacé**) les livres de la bibliothèque.
b) Les robes qu'elles ont achetés (**achetées**) pour le bal sont magnifiques. c) <u>La viande que vous avez achetée n'est pas bonne.</u>
Page 36
1. a) ob**éis**, ob**éissons**, ob**éissez** b) clou**e**, clou**ons**, clou**ez** c) compr**ends**, compren**ons**, compren**ez** d) pédal**e**, pédal**ons**, pédal**ez** e) sub**is**, sub**issons**, sub**issez** f) crain**s**, craign**ons**, craign**ez**
2. a) **Soyez** prêts pour le départ à 15 h. b) Tu **fais** d'horribles cauchemars toutes les nuits. c) **Éteins** la télévision et la radio.
d) Ils **prennent** des leçons d'équitation tous les mardis soir.
e) Je **voyage** avec mes parents tous les ans au mois de juin.
f) Je **déforme** mes chaussures de cours. g) Nous **dégustons** des fruits de mer. h) **Lavez** vos vêtements sales. i) **Cédons** notre place aux gens âgés.

Page 37

3. a) Je surgis, tu surgis, il/elle/on surgit, nous surgissons, vous surgissez, ils/elles surgissent b) Je mens, tu mens, il/elle/on ment, nous mentons, vous mentez, ils/elles mentent c) J'élève, tu élèves, il/elle/on élève, nous élevons, vous élevez, ils/elles élèvent d) Je vends, tu vends, il/elle/on vend, nous vendons, vous vendez, ils/elles vendent e) J'atterris, tu atterris, il/elle/on atterrit, nous atterrissons, vous atterrissez, ils/elles atterrissent f) J'aveugle, tu aveugles, il/elle/on aveugle, nous aveuglons, vous aveuglez, ils/elles aveuglent

4. a) Nous avons **réussi** tous les examens de fin d'année.
b) La frontière est **bordée** par des lacs et des rivières.
c) Les portes que vous avez **peintes** sont jolies. d) Mes amis et moi avons **bu** de la limonade.

Page 38

5. Si les règlements du football <u>sont</u> assez complexes, on <u>peut</u> toutefois les ramener à quatre ou cinq règles fondamentales qui <u>sont</u> simples. Que <u>cherche</u> le joueur? Il <u>vise</u> à s'emparer du ballon, à l'amener près de la ligne de but de l'adversaire et à lui faire toucher terre derrière cette ligne et le plus près possible du but que <u>marquent</u> deux grands piquets réunis à mi-hauteur par une barre transversale. S'il y <u>parvient</u>, il <u>marque</u> un «essai», lequel se <u>chiffre</u> par un certain nombre de points pour son camp: le ballon est alors placé sur une ligne perpendiculaire à la ligne de but et partant de l'endroit où l'essai a été fait; on <u>pose</u> le ballon à terre sur un point quelconque de cette ligne et d'un coup de pied savamment donné, un joueur s'<u>efforce</u> de le faire passer entre les deux piquets, et au-dessus de la barre transversale; l'essai est alors «transformé en but» et de nouveaux points sont comptés: c'<u>est</u> leur total qui tout à l'heure établira la victoire. Le football, en effet, se <u>joue</u>, à la différence de la plupart des jeux, en quatre-vingts minutes; la partie se <u>divise</u> en deux portions de quarante minutes chacune: pendant l'entracte qui les <u>sépare</u>, les camps <u>changent</u> de côté. À la fin de la partie on <u>additionne</u> les points; plus les équipes <u>sont</u> fortes, moins élevés seront les totaux: si rien n'a été marqué d'aucun côté, le match <u>est</u> nul.

6. sont: être, peut: pouvoir, sont: être, cherche: chercher, vise: viser, marquent: marquer, parvient: parvenir, marque: marquer, chiffre: chiffrer, pose: poser, efforce: efforcer, est: être, joue: jouer, divise: diviser, sépare: séparer, changent: changer, additionne: additionner, sont: être, est: être

TEST 5

Le groupe du nom

Le groupe du nom (GN) est formé d'un nom seul ou d'un groupe de mots dont au moins un nom commun ou propre. Le noyau du groupe du nom est un nom.

Les principales constructions du groupe du nom

Nom seul: **Marc** est parti.
Déterminant + nom: **Les <u>clients</u>** sont avisés.
    (client est le noyau)
Déterminant + nom + adjectif: **La <u>robe</u> bleue** est vendue.
    (robe est le noyau)
Déterminant + nom + adjectifs: J'ai **une <u>amie</u> gentille et généreuse.** (amie est le noyau)
Déterminants + adjectif + nom: **Les belles <u>pommes</u>** sont à vendre. (pommes est le noyau)
Déterminant + nom + complément du nom: **Ta <u>sauce</u> à spaghetti** est la meilleure. (sauce est le noyau, à spaghetti est le complément du nom.)

Le groupe du nom peut être remplacé par un pronom.
Marc est parti. **Il** est parti.

Le groupe du verbe (GV)

Le groupe du verbe est l'un des deux constituants obligatoires de la phrase, avec le groupe sujet. Il indique ce que l'on dit à propos du groupe sujet. Le groupe du verbe contient toujours un verbe conjugué. Ce verbe conjugué est le noyau du groupe du verbe. Le verbe conjugué peut être seul ou accompagné d'un complément du verbe ou d'un attribut du sujet.

Les principales constructions du groupe du verbe

Verbe seul: Paul **mange**.
    (mange est le noyau du groupe du verbe)
Verbe + adjectif: Vous **êtes** belle.
    (êtes est le noyau du groupe du verbe)
Verbe + groupe du nom: Félix **mangera** une pomme.
    (mangera est le noyau du groupe du verbe)
Verbe + préposition + groupe du nom: Mariane **ira** à l'hôpital.
    (ira est le noyau du groupe du verbe)
Verbe + groupe du nom + préposition + groupe du nom:
    Tu **lis** un livre à ton ami. (lis est le noyau du groupe du verbe)
Pronom + verbe + groupe du nom: Ils **mangent** des pommes.
    (mangent est le noyau du groupe du verbe)
Pronom + verbe + préposition + groupe du nom:
    Nous **irons** à la pharmacie. (irons est le noyau du groupe du verbe)
Verbe + adverbe: Tu **manges** lentement.
    (manges est le noyau du groupe du verbe)
Verbe + verbe à l'infinitif: Je **voudrais** courir.
    (voudrais est le noyau du groupe du verbe)

Le groupe sujet (GS)

Le groupe sujet est l'un des deux constituants obligatoires de la phrase avec le groupe du verbe. Il indique de qui ou de quoi on parle.

Principales constructions du groupe sujet

Un groupe du nom: Mes **amies** mangent des pommes. (amies est le noyau du groupe sujet)
Plusieurs groupes du nom: La **policière** et le **pompier** travaillent beaucoup. (policière et pompier sont le noyau du groupe sujet)
Un pronom: **Ils** mangent des pommes. (ils est le noyau du groupe sujet)

Complément de phrase

Le groupe complément de phrase est l'un des constituants de la phrase. Il vient compléter le sens de la phrase.
    Il est facultatif.
    Il peut être déplacé.
Une phrase peut contenir plus d'un complément de phrase.
    Exemple:
    Demain, nous irons faire un pique-nique.
    Il neige **depuis trois jours**.

Attribut du sujet

Mot ou groupe de mots qui qualifie le sujet. L'attribut du sujet fait partie du groupe du verbe dont le noyau est toujours un verbe attributif (être, sembler, paraître, devenir, rester, demeurer).
    Exemples:
    Pierre est **malade**.
    L'étoile paraît **brillante**.
    Marie semble **bien**.

Complément direct

Mot ou groupe de mots placé après le verbe. Le CD fait partie du groupe du verbe. On le trouve en posant la question «Quoi?» après le verbe.

> *Il mange des pommes.*
> *Il mange quoi? Des pommes.*

Complément indirect

Mot ou groupe de mots placés après le verbe qui commence habituellement par une préposition. Le CI fait partie du groupe du verbe. On le trouve en posant la question « De quoi? », « À quoi? », « À qui? » après le verbe.

> *Gaston a écrit à ses parents.*
> *À qui Gaston a-t-il écrit? À ses parents.*

Page 39

1. a) J'ai aimé votre présentation orale de ce matin.
b) **Marie-Soleil** a présenté sa recherche sur le réchauffement de la planète. c) **Mon amie et moi** avons réussi à nous rendre à la fin du jeu vidéo. d) **Le vendeur de chaussures** ne trouve plus le prix de celles que je veux acheter.

2. a) Martine **a oublié** son cartable à l'école. b) Rachid nous **a demandé** notre nom et notre numéro de téléphone.
c) J'**ai posté** le chèque pour l'inscription au cours de natation.
d) Le sujet du livre **est** très simple. (*très simple* est un attribut du sujet.)

3. a) Caroline a apporté **tout le matériel nécessaire**. (CD)
b) Les papillons monarques quittent **le Québec** pour le Mexique. (CD) c) Je réfléchis **à mon sujet de production écrite**. (CI) d) Damien **nous** a raconté **des bobards**. (CD)

4. a) J'ai acheté une voiture neuve la semaine passée.
b) Mes frères sont allés au cinéma avec leurs amis.

5. a) Cette femme est jolie. b) Cet homme est malade.

Page 40

1. a) vrai b) vrai

2. a) Les chanteurs de la chorale ont donné un excellent spectacle.

b) La reine de la ruche a été chassée par les abeilles.

c) Yves n'a pas voulu prendre sa voiture pour aller travailler.

d) Le pont Champlain relie Montréal à la Rive-Sud.

e) Elles ont testé leurs connaissances en mathématique sur un site Web.

f) Pascale a perdu le contrôle de sa voiture dans une courbe.

g) Antoine et Liam ont mis leurs lunettes de soleil.

3. a) La journée semble **idéale** pour faire un pique-nique.
b) Cette équipe de hockey est **célèbre** dans le monde entier.
c) Cette belle pomme rouge semble **délicieuse**.

4. a) Thomas et Aurélie lisent des bandes dessinées avant de s'endormir. (CD, CP) b) Caroline a oublié son livre de français dans l'autobus. (CD, CP) c) Le bateau de croisière arrivera dans quelques heures. (CP) d) Mes parents ont visité le Musée des beaux-arts hier après-midi. (CD, CP) e) Le professeur d'anglais donne beaucoup de devoirs. (CD) f) Mon père plantera des rosiers demain. (CD, CP) g) Alexis et Roger n'ont pas vu le nouveau chien du voisin. (CI, CD) h) Ma cousine a acheté des pommes, des oranges et des bananes. (CD) i) Sofia et Jamil ont téléphoné à leur mère. (CI)

5. Réponses au choix. 6. Réponses au choix.

7. a) Brigitte a trouvé sa robe dans le rayon pour femmes.
b) L'entraîneur a parlé aux joueurs après le match.

Page 42

8. a) Nathalie et Maryse s'occupent de la campagne de financement.
b) Justin et Anne-Marie ont oublié de faire leurs devoirs.
c) Les joueurs de l'orchestre sont partis à Las Vegas.
d) Les livres de la bibliothèque ont été détruits par le feu.
e) Mon voisin est allemand.
f) Le feu ravageait la grange du voisin.
g) Nous avons acheté des fournitures scolaires.
h) Notre professeur est gentil.
i) William et moi avons mangé des lentilles.

TEST 5.1

Page 43

1. a) Vous avez lu un livre de science-fiction. b) Brian et moi allons jouer au parc. c) Avez-vous complété la fiche d'inscription? d) C'est dommage que vous ne puissiez pas venir.

2. a) Samuel **a fait** le tour du monde en bateau. b) Le chef cuisinier **a préparé** des roulés au saumon. c) Ils **auraient voulu** prendre le train au lieu de l'autobus. d) Myriam **parle** à son amie Vanessa.

3. a) L'entrée du côté nord **est réservée** **aux détenteurs de billet**. (CI) b) Gaëlle a gagné **un voyage** au Mexique. (CD)
c) Nous avons nettoyé **le salon et la salle de bains**. (CD)
d) Isabelle regarde **son émission de télé préférée**. (CD)

4. a) Ma nièce viendra la semaine prochaine. b) J'ai vu un aigle hier matin.

5. a) La dictée semble difficile. b) Jean-Philippe est un élève studieux.

Page 44

1. Autrefois, il y a bien longtemps, mes chers enfants, j'étais jeune et j'entendais souvent les gens se plaindre d'une importune petite vieille qui entrait par les fenêtres quand on l'avait chassée par les portes. Elle était si fine et si menue, qu'on eût dit qu'elle flottait au lieu de marcher, et mes parents la comparaient à une petite fée. Les domestiques la détestaient et la renvoyaient à coups de plumeau, mais on ne l'avait pas plus tôt délogée d'une place qu'elle reparaissait à une autre.

Elle portait toujours une vilaine robe grise traînante et une sorte de voile pâle que le moindre vent faisait voltiger autour de sa tête ébouriffée en mèches jaunâtres.

À force d'être persécutée, elle me faisait pitié et je la laissais volontiers se reposer dans mon petit jardin, bien qu'elle abîmât beaucoup mes fleurs. Je causais avec elle, mais sans en pouvoir tirer une parole qui eût le sens commun. Elle voulait toucher à tout, disant qu'elle ne faisait que du bien. On me reprochait de la tolérer, et, quand je l'avais laissée s'approcher de moi, on m'envoyait laver et changer, en me menaçant de me donner le nom qu'elle portait.

C'était un vilain nom que je redoutais beaucoup. Elle était si malpropre qu'on prétendait qu'elle couchait dans les balayures des maisons et des rues, et, à cause de cela, on la nommait la fée Poussière.

Page 45

2. a) Marie-France <u>chasse</u> **les papillons**. b) Ma mère se <u>sert</u> **du téléphone**. c) La lionne <u>défend</u> **ses petits**. d) Le bûcheron <u>abat</u> **des arbres**. e) Ce chien <u>obéit</u> **à son maître**. f) Martin <u>aime</u> **le chocolat**. g) Sophie <u>mange</u> **des épinards**. h) <u>Pardonnons</u> **à nos ennemis**. i) Je <u>pense</u> **à mes amis**.

3. Réponses au choix. 4. Réponses au choix.

5. a) Zacharie et Isaac ont acheté un vélo <u>dans une vente aux enchères</u>. b) La gagnante du tournoi de tennis est venue nous rencontrer <u>à l'école</u>.

Page 46

6. a) Jacqueline et sa sœur nous ont offert l'hospitalité.

b) Mes amis et moi sommes allés voir un film d'horreur.

c) Ma mère et ma tante ont gagné un voyage.

d) Martin a mangé un sandwich au poulet.

e) Coralie et Justine ont acheté des robes et des jupes blanches.

f) La mascotte de l'équipe de baseball était vêtue d'un grand veston jaune.

g) Claude a lu un bon roman policier.

h) Louis veut réussir son examen de mathématique.

i) Les soldats ont quitté la base militaire.

TEST 6

Formation du féminin des noms et des adjectifs

Généralement, pour former le féminin on ajoute un **e** *à la fin.*

→ surveillant/surveillante
→ fermé/fermée
→ grand/grande
→ avocat/avocate

***Sauf** :*

→ maire/mairesse
→ maître/maîtresse
→ prince/princesse
→ tigre/tigresse
→ âne/ânesse

Les mots qui se terminent en -eau **font** -elle **au féminin :**

→ chameau/chamelle
→ jumeau/jumelle
→ nouveau/nouvelle

Les mots qui se terminent en -el **font** -elle **au féminin :**

→ artificiel/artificielle
→ habituel/habituelle
→ réel/réelle

Les mots qui se terminent en -en **font** -enne **au féminin :**

→ norvégien/norvégienne
→ quotidien/quotidienne
→ mathématicien/mathématicienne

Les mots qui se terminent en -er **font** -ère **au féminin :**

→ droitier/droitière
→ fier/fière
→ passager/passagère

Les mots qui se terminent en -et **font** -ette **au féminin :**

→ net/nette
→ muet/muette
→ violet/violette

***Sauf** :*

→ complet/complète
→ concret/concrète
→ discret/discrète
→ incomplet/incomplète
→ indiscret/indiscrète
→ inquiet/inquiète
→ secret/secrète

Les mots qui se terminent en -eur **font** -eure **ou** -euse **au féminin :**

→ chauffeur/chauffeuse
→ meilleur/meilleure
→ professeur/professeure
→ vendeur/vendeuse

***Exception** :*

→ vengeur/vengeresse

Les mots qui se terminent en -f **font** -ve **au féminin :**

→ veuf/veuve
→ naif/naïve
→ craintif/craintive

Les mots qui se terminent en -il **font** -ille **au féminin :**

→ gentil/gentille
→ pareil/pareille

Les mots qui se terminent en -on **font** -onne **au féminin :**

→ baron/baronne
→ mignon/mignonne
→ champion/championne

***Sauf** :*

→ démon/démone
→ dindon/dinde
→ compagnon/compagne

Certains mots qui se terminent en -teur **font** -teure **au féminin :**

→ auteur/auteure

Certains mots qui se terminent en -teur **font** -teuse **au féminin :**

→ menteur/menteuse

***Sauf** :*

→ serviteur/servante

Certains mots qui se terminent en -teur **font** -trice **au féminin :**

→ acteur/actrice
→ lecteur/lectrice
→ amateur/amatrice

Les mots qui se terminent en -x **font** -se **au féminin :**

→ affreux/affreuse
→ chanceux/chanceuse
→ jaloux/jalouse

Certains mots changent complètement de forme :
- → *homme/femme*
- → *fou/folle*
- → *monsieur/madame*
- → *neveu/nièce*
- → *oncle/tante*
- → *loup/louve*
- → *roi/reine*
- → *garçon/fille*

Quelques mots dont le genre est difficile à retenir.
Masculin : *accident, aéroport, âge, agenda, air, anniversaire, ascenseur, asphalte, autobus, autographe, automate, avion, bulbe, échange, éclair, élastique, éloge, emblème, entracte, épisode, équilibre, escalier, exemple, habit, haltère, hélicoptère, hôpital, hôtel, incendie, obstacle, oreiller, pétale, pore, tentacule, trampoline.*

Féminin : *agrafe, algèbre, ambulance, ancre, annonce, armoire, artère, astuce, atmosphère, autoroute, écharde, énigme, envie, épice, hélice, idole, impasse, intrigue, moustiquaire, offre, orthographe.*

La formation du pluriel des noms et des adjectifs
En général, on ajoute un « s » à la fin pour former le pluriel :
- → *une table/des tables*
- → *une maison/des maisons*
- → *un garçon/des garçons*

Les mots qui se terminent en* -al *font* -aux *au pluriel :
- → *hôpital/hôpitaux*
- → *royal/royaux*
- → *général/généraux*

Sauf :
- → *bal, banal, carnaval, cérémonial, chacal, fatal, festival, glacial, natal, naval, récital et régal qui prennent un « s » à la fin.*

Les mots qui se terminent en* -ail *font* -ails *au pluriel :
- → *chandail/chandails*
- → *détail/détails*
- → *épouvantail/épouvantails*

Sauf :
- → *bail/baux*
- → *corail/coraux*
- → *émail/émaux*
- → *travail/travaux*
- → *vitrail/vitraux*

Les mots qui se terminent en* -au *font* -aux *au pluriel :
- → *noyau/noyaux*
- → *tuyau/tuyaux*

Sauf :
- → *landau/landaus*
- → *sarrau/sarraus*

Les mots qui se terminent en* -eau *font* -eaux *au pluriel :
- → *ciseau/ciseaux*
- → *râteau/râteaux*
- → *seau/seaux*

Les mots qui se terminent en* -eu *font* -eux *au pluriel :
- → *lieu/lieux*
- → *neveu/neveux*
- → *feu/feux*

Sauf :
- → *bleu/bleus*
- → *pneu/pneus*

Les mots qui se terminent en* -ou *font* -ous *au pluriel :
- → *kangourou/kangourous*
- → *sou/sous*

Sauf :
- → *bijou, caillou, chou, genou, hibou, joujou, pou qui prennent un « x » à la fin.*

Les mots qui se terminent par* -s, -x *et* -z *sont invariables :
- → *gaz/gaz*
- → *bas/bas*
- → *voix/voix*

Certains mots changent complètement de forme :
- → *ciel/cieux*
- → *monsieur/messieurs*
- → *œil/yeux*

Page 47

1. a) Des actrices connues ont rendu visite à mes grands-mères.
b) Les boulangères ont rencontré leurs meilleures amies.
c) Les femmes naïves ont cru les mensonges des sorcières.
d) Les golfeuses montréalaises ont parlé avec les cordonnières.
e) Les horlogères consultent des chirurgiennes.
2. a) masc. b) masc. c) fém. d) masc. ou fém. selon le contexte. e) masc. f) fém. g) fém. h) masc. i) fém.
3. a) inspectrice b) douanière c) mairesse d) dégustatrice e) traiteuse f) opticienne g) serveuse h) pasteure i) musicienne j) avocate k) conductrice l) ambassadrice
4. a) chevaux b) chacals c) bijoux d) pneus e) vœux f) taureaux g) joujoux h) jumeaux i) travaux ou travails

Page 48

1. 1) ânesse 2) vache 3) chèvre 4) cane 5) biche 6) chamelle 7) chatte 8) jument 9) chevrette 10) chienne 11) truie 12) poule 13) daine 14) dinde 15) éléphante 16) faisane 17) oie 18) lapine 19) hase 20) lionne 21) louve 22) merlette 23) brebis 24) ourse 25) paonne 26) pigeonne 27) rate 28) renarde 29) laie 30) guenon
2. a) homme b) oncle c) neveu d) père e) papa f) frère g) fils ou garçon h) parrain i) monsieur j) doux k) roux l) faux m) sec n) mou o) fou ou fol

Page 49

3. b) chère, conseillère, meurtrière, sorcière, ouvrière, familière Règle : Les mots qui se terminent par *er* au masculin forment leur féminin en *ère*. c) nageuse, songeuse, bricoleuse, farceuse, marcheuse, vendeuse Règle : La majorité des mots qui se terminent par *eur* au masculin forment leur féminin en *euse*. d) européenne, doyenne, ancienne, magicienne, chienne, mienne Règle : Les mots qui se terminent par *en* au masculin forment leur féminin en *enne*. e) antérieure, extérieure, inférieure, majeure, meilleure, mineure Règle : Quelques mots qui se terminent par *eur* au masculin forment leur féminin en *eure*. f) mignonne, championne, patronne, chatonne, espionne, huronne Règle : Les mots qui se terminent par *on* au masculin forment leur féminin en *onne*.

Page 50

4. b) détails, chandails, gouvernails, rails, bétails, épouvantails, bercails, attirails, poitrails Règle : Les mots qui se terminent par *ail* au singulier forment leur pluriel en *ails*.
c) kangourous, clous, matous, filous, toutous, caribous, cous, chouchous, licous Règle : Les mots qui se terminent par *ou* au singulier forment leur pluriel en *ous*. d) beaux, gâteaux, taureaux, joyaux, esquimaux, tuyaux, feux, jeux, vœux Règle : Les mots qui se terminent par *eau, au, eu* au singulier forment leur pluriel en *eaux, aux, eux*.

TEST 6.1

Page 51

1. a) Des bateaux b) Des bijoux c) Des caribous d) Des pneus
e) Des joyaux f) Des orteils g) Des travails ou des travaux
h) Des chorales
2. a) Le chanteur a rencontré le nouveau danseur.
b) L'hygiéniste est parti avec le comédien. c) Le cultivateur livre une pomme de terre. d) Le portier a ouvert la porte à l'organisateur.
3. a) La **chapelière** fabrique des chapeaux. b) J'ai pris **un** ascenseur pour monter au 12ᵉ étage. c) Des **choux** poussent dans mon potager. d) J'ai acheté **un** oreiller. e) Mohamed s'est acheté **un** habit. f) J'ai vu des oiseaux-**mouches**.

Page 52

1. a) cruelle, visuelle, essentielle, personnelle, actuelle, annuelle Règle : Les mots qui se terminent par *el* au masculin forment leur féminin en *elle*. b) coquette, douillette, minette, cadette, muette, longuette Règle : Quelques mots qui se terminent par *et* au masculin forment leur féminin en *ette*. c) concrète, discrète, secrète, inquiète, complète, désuète Règle : Quelques mots qui se terminent par *et* au masculin forment leur féminin en *ète*. d) veuve, sportive, neuve, brève, vive, chétive Règle : Les mots qui se terminent par *f* au masculin forment leur féminin en *ve*. e) secrétaire, commis, artiste, cinéaste, maître d'hôtel, jockey Règle : Certains mots conservent la même forme au féminin et au masculin.
La seule façon de savoir si le mot est féminin ou masculin est d'ajouter un **déterminant** devant.

Page 53

2. a) **Mes** oreillers sont très **mous**. b) **Cet** autobus est **bleu**.
c) Les **vitraux** de l'église sont **magnifiques**. d) J'ai oublié de mettre **une** apostrophe dans mon texte. e) Je me suis cassé **un** orteil. f) J'ai mis des chaussettes **bleues**. g) Les **genoux** de ma poupée sont **sales**. h) Mon cousin a les cheveux **blonds**.
i) Les **pneus** de la voiture sont dégonflés. j) Mes haltères sont **lourds**. k) L'hélice de l'avion est **cassée**. l) Il y a **un** hôpital près de chez moi. m) Mon oncle a installé **un** escalier dans ma cabane. n) J'ai sauté sur **le** trampoline.

Page 54

3. Sur les registres de l'Hôtel de Ville, à la Voirie, il avait nom Gustave Rousset, dit Gugusse pour sa femme et quelques **rares** intimes. Mais, du plus loin qu'**ils** pouvaient se rappeler, ses **camarades** de corvée ne lui avaient jamais connu d'autre nom que celui du « Zouave ».

   Un matin que, toute la nuit d'avant, il avait soufflé sur Montréal l'une de ces **bordées** qui font époque, on l'avait vu arriver à son poste avec une casquette de zouave dont la visière crevassée ne tenait que par miracle et que protégeait contre le vent un foulard en loques faisant double tour sous le **menton**. Il n'en fallait pas plus, et depuis lors ce surnom de « Zouave » lui était resté. La casquette avait eu beau aller rejoindre les **vieilles** lunes, c'était toujours, pour les **camarades**, le Zouave qui, l'hiver, au déblaiement des **neiges**, et l'été, poussant son balai dans les rues, restait le point de mire des mêmes **quolibets** et des mêmes inlassables **plaisanteries**.

4. nez, faux, joyeux Règle : Certains mots ne changent pas de forme au pluriel. La seule façon de savoir si le mot est singulier ou pluriel est d'ajouter un **déterminant** devant.

TEST 7

La phrase

La phrase est une suite ordonnée de mots ayant un sens. Elle commence par une majuscule et se termine généralement par un point. Les constituants obligatoires de la phrase sont le groupe sujet et le groupe du verbe. Une phrase peut également comporter un groupe complément de phrase qui est facultatif.

La phrase négative *sert à exprimer une négation, un refus, une interdiction. Elle se construit avec des mots de négation (ne… pas, n'…pas, ni…ni, aucun…ne/n', etc.). La phrase négative peut être déclarative, exclamative, impérative ou interrogative.*
*Exemples : Je **ne** mange **pas** une pomme.*
    Que cette pomme est sale !
    ***Ne** mange **pas** cette pomme.*
    *Tu **ne** mangeras **pas** cette pomme, n'est-ce pas ?*

La phrase positive *ne contient pas de mots de négation. La phrase positive peut être déclarative, exclamative ou impérative.*
Exemples : Il mange une pomme.
    Quelle belle pomme !
    Mange ta pomme.
    Veux-tu une pomme ?

La phrase déclarative *sert à raconter un fait, donner une information ou exprimer un point de vue. Elle se termine par un point. On se sert de la phrase déclarative pour construire les autres types de phrases.*
Exemple : Je mange une pomme.

La phrase exclamative *sert à exprimer vivement une émotion, un sentiment, un jugement. Elle se termine par un point d'exclamation.*
Exemple : Quelle belle pomme !

La phrase impérative *sert à donner un ordre ou un conseil, ou à exprimer un souhait. Elle comporte toujours un verbe conjugué à l'impératif et se termine par un point ou un point d'exclamation.*
Exemple : Mange ta pomme.

La phrase interrogative *sert à poser une question. Elle se termine par un point d'interrogation.*
Exemple : Est-ce que tu veux une pomme ?

Page 55

1. Non, elle est exclamative. 2. Non, elle est déclarative.
3. a) Martin ira à l'école aujourd'hui. b) Je voulais danser la valse avec toi. c) Prenez l'entrée principale.
4. a) Cinzia a reçu son diplôme. b) Nous avons terminé la répétition.
5. a) Étudions pour l'examen. b) Mets ton manteau vert.
6. a) Les baleines bleues sont immenses. b) <u>Le navire n'a pas sombré dans la mer.</u>

Page 56

1. a) négative b) négative c) positive d) négative e) positive
f) positive g) négative h) négative i) positive j) négative
k) positive l) négative m) positive n) positive o) négative
p) positive q) négative r) négative s) positive

Page 57

2. a) Tu iras manger au nouveau restaurant devant le centre
commercial. b) Votre voiture est neuve. c) Lorraine est allergique
aux fruits de mer. d) Vous attendez l'autobus pour Trois-Pistoles.
e) Laurence a mis sa robe bleue et rose. f) Béatrice et Estelle ont
ouvert les fenêtres. g) Vous voulez vous inscrire au rallye en vélo.
h) Vous habitez devant le couvent des Ursulines. i) Tu as lu le
dernier livre de J. K. Rowling. j) Tu connais le célèbre chanteur
d'opéra Plácido Domingo.

Page 58

3. a) Faisons du sport. b) Écoutez un film. c) Téléphone à ta
mère. d) Prends le pont. e) Obéissez aux ordres. f) Dessinons
un arbre. g) Cours pour aller à l'école. h) Allons trouver la
solution. i) Préparez votre communication écrite.

4. a) Comme vous avez bien réussi cette toile ! b) Est-ce que
tu aimes les voyages ? c) Que cette maison est laide ! d) Judith
écrit une lettre à son amie. e) Va chercher le marteau. f) Quel
beau spectacle ! g) Aimez-vous aller à la pêche ?

5. a) Tu vas chercher le lait. b) Nous mangeons du gâteau.
c) Tu lis une bande dessinée.

TEST 7.1
Page 59

1.

Type de phrase	Forme positive	Forme négative
Déclaratif	Vous rendez hommage à votre professeur.	Vous ne rendez pas hommage à votre professeur.
Déclaratif	L'arbre est tombé.	L'arbre n'est pas tombé.
Déclaratif	Je cueille des framboises.	Je ne cueille pas des framboises.
Interrogatif	Avez-vous pris le pont ?	N'avez-vous pas pris le pont ?
Interrogatif	Êtes-vous malade ?	N'êtes-vous pas malade ?
Interrogatif	As-tu peur ?	N'as-tu pas peur ?
Exclamatif	Que c'est bon !	Que ce n'est pas bon !
Exclamatif	Que c'est merveilleux !	Que ce n'est pas merveilleux !
Exclamatif	Comme vous êtes brillant !	Comme vous n'êtes pas brillant !
Impératif	Nettoie ta chambre.	Ne nettoie pas ta chambre.
Impératif	Fais un vœu.	Ne fais pas un vœu.
Impératif	Chante cette chanson.	Ne chante pas cette chanson.

2. a) Négative, impérative b) Positive, exclamative
c) Négative, interrogative d) Positive, déclarative

Page 60

1. a) Phrase positive : J'ai hâte aux vacances d'été. Phrase
négative : Je n'ai pas hâte aux vacances d'été. b) Phrase
positive : Je fais partie de l'équipe gagnante. Phrase négative :
Je ne fais pas partie de l'équipe gagnante. c) Phrase positive :
Nous avons reçu votre message. Phrase négative : Nous
n'avons pas reçu votre message. d) Phrase positive : Ils ont
traversé le lac Saint-Jean à la nage. Phrase négative : Ils n'ont
pas traversé le lac Saint-Jean à la nage. e) Phrase positive :
Elle a raconté une bonne blague. Phrase négative : Elle n'a
pas raconté une bonne blague. f) Phrase positive : J'ai fait de
la plongée sous-marine. Phrase négative : Je n'ai pas fait de la
plongée sous-marine. g) Phrase positive : J'utilise des assiettes
de carton. Phrase négative : Je n'utilise pas des assiettes de
carton.

Page 61

2. a) négative, impérative b) positive, interrogative c) positive,
exclamative d) négative, interrogative e) positive, déclarative
f) positive, impérative g) positive, interrogative h) positive,
déclarative i) positive, exclamative j) négative, interrogative
k) négative, déclarative l) positive, exclamative m) positive,
déclarative n) négative, interrogative o) positive, déclarative
p) positive, interrogative q) négative, impérative r) positive,
impérative

Page 62

3. Réponses au choix.

4. Avez-vous acheté les billets **?** (point d'interrogation) Allons-
nous au chalet pour la fin de semaine **?** (point d'interrogation)
Comme tu as bien réussi **!** (point d'exclamation)

5. Virgule : 1 ; point : 1 ; point d'exclamation : 1 ; point
d'interrogation : 2

TEST 8

Les synonymes
Mots qui ont un sens pareil ou semblable à un autre mot.
    Exemple : crier/hurler

Les antonymes
Mots dont le sens est le contraire de celui d'un autre mot.
    Exemples : paix/guerre   amour/haine

PRÉFIXES

Liste des principaux préfixes et leur signification

aéro-	air	**aéro**port
anti-	contre	**anti**virus
auto-	de soi-même	**auto**défense
bi-	deux	**bi**lingue
centi-	centième	**centi**mètre
co-	avec	**co**voiturage
dé-/des-	contraire	**dé**laissé/**dés**avantagé
ex-	à l'extérieur de, qui a cessé d'être	**ex**-mari
extra-	en dehors	**extra**terrestre
in-/im-/il/ir-	contraire	**in**décis, **im**mature, **il**logique, **ir**rationnel
inter-	entre	**inter**national
kilo-	mille	**kilo**mètre
mal-	contraire	**mal**heureux
mi-	moitié	**mi**-temps

milli-	millième	**milli**mètre
multi-	plusieurs	**multi**culturel
para-	protection contre	**para**chute
poly-	plusieurs	**poly**valent
pré-	avant	**pré**histoire
re-/ré-/r-	de nouveau	**re**faire, **ré**crire, **r**emplir
super-	au-dessus de	**super**poser
sur-	au-dessus	**sur**consommation
télé-	à distance	**télé**commande
tri-	trois	**tri**cycle
ultra-	au-delà de	**ultra**son
vidéo-	voir	**vidéo**cassette
zoo-	animal	**zoo**logie

SUFFIXES

Liste des principaux suffixes

-able	possibilité	confort**able**
-ade	action	gliss**ade**
-age	action	affich**age**
-ain/-aine	origine/habitant	afric**ain**/afric**aine**
-aine	groupe de	vingt**aine**
-aire	agent	incendi**aire**
-ais/-aise	origine/habitant	antill**ais**/antill**aise**
-al/-ale	qui a rapport à	loc**al**/loc**ale**
-ant/-ante	qui fait une action	fabric**ant**/fabric**ante**
-ateur/-atrice	qui fait une action	act**eur**/ac**trice**
-ation	action	éduc**ation**
-ée	quantité	cuiller**ée**
-el/-elle	qui a rapport à	artifici**el**/artifici**elle**
-ent/-ente	caractéristique	différ**ent**/différ**ente**
-er	action	ski**er**
-er/-ère	occupation/profession	boulang**er**/boulang**ère**
-eux/-euse	caractéristique	chanc**eux**/chanc**euse**
-ien/-ienne	occupation/ profession, origine	chirurg**ien**/chirurg**ienne** ital**ien**/ital**ienne**
-ier/-ière	occupation/profession	pompi**er**/pompi**ère**
-if/-ive	caractéristique	invent**if**/invent**ive**
-ique	qui a rapport à la science	informat**ique**
-ir	action	découvr**ir**
-iste	occupation/profession	fleur**iste**
-ment	pour former des adverbes	lente**ment**
-ois/-oise	origine/habitant	québéc**ois**/québéc**oise**
-on	diminutif	chat**on**
-onner	diminutif	chant**onner**
-tion	action	démoli**tion**
-vore	manger	herbi**vore**

Mots d'une même famille

Ce sont des mots formés avec la même racine : rose, rosier, roseraie, etc.

Par contre, boisson n'est pas de la même famille que bois, boisée, boiserie.

Page 63

1. a) lourd b) propre c) paresseux d) agréable e) premier f) heureux g) noir h) femme i) malhabile j) ici k) sourire l) avouer

2. a) briser b) livre c) amusant d) enlever e) joli f) sauter g) gaucherie h) lourd i) générosité j) liant k) résidence l) enseignant (Ces réponses sont données à titre d'exemple. D'autres réponses peuvent être valables.)

3. a) agroalimentaire b) biologie c) bicyclette d) centimètre e) indiscipliné f) aéroportuaire (Ces réponses sont données à titre d'exemple. D'autres réponses peuvent être valables.)

4. a) Montréalais b) calmement c) sociologie d) assiettée e) maisonnette f) otite (Ces réponses sont données à titre d'exemple. D'autres réponses peuvent être valables.)

5. a) indécis b) tenter c) guide d) heureusement e) misérable f) professionnel (Ces réponses sont données à titre d'exemple. D'autres réponses peuvent être valables.)

Page 64

1. a) difficile b) content c) malheureux d) petit e) méchant f) éteint g) nuit h) pareil i) mou j) fille k) fort l) froid m) ouvert n) intérieur o) sans p) laid q) féminin r) dessus s) monter t) visible u) vide v) jeune w) beaucoup x) nord y) jamais z) foncé

2. a) scolarité b) prunier c) désolation d) dépensière e) dormant f) impatienter g) arbustif h) écoute i) journaliste j) mélanger

3. a) *réussite* ne fait pas partie de la même famille. b) *papouille* et *papilloter* ne font pas partie de la même famille. c) *sanglon* ne fait pas partie de la même famille. d) *fonte* ne fait pas partie de la même famille.

Page 65

4. a) hais b) inintéressant c) excellents d) rangé e) parlé f) perdu g) beau h) chaussures i) peine j) couchés k) étoile de mer

5. a) dormir et sommeiller b) satiné et doux c) commencer et débuter d) douceur et calme e) mort et décédé f) tacher et salir g) avenir et futur h) convier et inviter i) moderniser et rénover j) opinion et avis k) camarade et ami l) guerre et bataille m) cri et hurlement n) rage et colère o) profession et métier p) préféré et chouchou q) inquiet et soucieux r) passion et fougue

Page 66

6. a) aéro, air, aéroport b) mini, plus petit, minimaliste c) super, supérieur, supermarché d) télé, à distance, télécommande e) ciné, cinéma, cinémathèque f) contre, opposition, contre-jour g) franco, français, francophone h) pré, avant, préalable i) multi, plusieurs, multicolore j) para, à côté, parascolaire k) longi, long, longiligne l) co, avec, codétenu

7. a) scope, examiner, microscope b) ais, origine, angolais c) ette, diminutif, maisonnette d) ite, maladie, otite e) logie, science, biologie f) vore, manger, herbivore g) phobe, haïr, arachnophobe h) ade, action, promenade

TEST 8.1
Page 67
1. a) fermé b) vacarme c) près d) radin e) commencer
f) rapide g) triste h) mourir i) plaire j) nu k) courir l) pleurer
2. a) bouger b) gros c) ligoter d) bouffer e) argent f) fêter
g) voyage h) pirate i) vrai j) suer k) museau l) enlever
3. a) pisciculture b) trio c) thermomètre d) minijupe
e) microphone f) monoplace
4. a) boulangerie b) baleineau c) répétition d) maladive
e) algérien f) miroir
5. a) amitié, amical b) glacier, glacière c) morsure, mordre
Page 68
1. a) importation et exportation b) sombre et clair c) légal et
illégal d) nu et habillé e) gaucher et droitier f) opaque et
transparent g) acheter et vendre h) allumer et éteindre
Page 69
2. b) association, associer, associatif c) chiffre, chiffrer, chiffrable
d) existence, exister, existant e) pensée, penser, pensif f) crainte,
craindre, craintif g) remontant, remonter, remontée
h) correction, corriger, correctif i) jalousie, jalouser, jaloux
j) morsure, mordre, mordant
3. a) claque b) ensemble c) plat d) sale e) feu f) mari g) mer
h) haïr i) aviser j) pareil k) bruit l) bateau m) ennui n) habiller
o) pari p) enlever q) enlèvement r) déchet s) crier t) église
u) bébé v) faim w) maladresse x) méchant
Page 70
4. a) amphi, en double, amphibien b) kilo, mille, kilogramme
c) anglo, anglais, anglophone d) tri, trois, triangle e) aqua,
eau, aquatique f) mono, seul, monoplace g) péd, enfant,
pédiatrie h) pro, en faveur de, proaméricain i) sylvi, forêt,
sylviculture j) radio, rayon, radiographie k) ex, antérieur,
ex-mari l) anti, contre, antigel
5. a) lingue, langue, bilingue b) erie, spécialité, boulangerie
c) er, action, manger d) ier, métier, bijoutier e) oise, origine,
québécoise f) ment, manière, lentement g) cycle, roue,
unicycle h) mètre, mesure, millimètre

TEST 9
Voir plus haut pour le nom, les déterminants et les adjectifs.

Les pronoms personnels
Ce sont les pronoms les plus courants.
*Les pronoms personnels désignent les personnes qui parlent,
les personnes à qui l'on parle ou les personnes de qui on
parle.*
1ʳᵉ personne singulier : je, j', me, m', moi
2ᵉ personne singulier : tu, te, t', toi
3ᵉ personne singulier : il, elle, on, le, la, l', lui, se, s', en, y, soi
1ʳᵉ personne pluriel : nous
2ᵉ personne pluriel : vous
3ᵉ personne pluriel : ils, elles, leur, les, eux, se, s', en, y

Adverbes
*Mot invariable qui modifie le sens d'un adjectif (très beau), d'un
verbe (lire souvent) ou d'un autre adverbe (très souvent).
L'adverbe peut également modifier le sens d'une phrase.*

Demain, il y aura de la pluie.
Adverbes qui expriment l'affirmation :
oui, sûrement, vraiment, etc.
Adverbes qui expriment le doute :
peut-être, probablement, etc.
Adverbes qui expriment l'intensité :
assez, beaucoup, environ, peu, presque, très, trop, etc.
Adverbes qui expriment le lieu :
ailleurs, autour, dehors, ici, là-bas, loin, partout, etc.
Adverbes qui expriment la manière :
bien, doucement, ensemble, lentement, vite, etc.
Adverbes qui expriment le temps :
aujourd'hui, bientôt, demain, hier, souvent, toujours, etc.

Prépositions
*Mot invariable qui sert à introduire un complément. Ils peuvent
spécifier la manière, la possession, le temps, le lieu, l'opposition,
la cause, le but et la privation : à, afin de, après, avant, avec,
chez, contre, dans, de, depuis, durant, en, malgré, par, pour,
sans, sur, etc.*

Conjonctions
*Mot invariable qui sert à lier des mots ou des phrases. Elles
peuvent spécifier la comparaison, l'addition, le choix, la cause
ou la condition : comme, et, mais, ou, parce que, si, etc.*

Page 71
1. a) mot invariable b) verbe c) nom d) pronom personnel
e) déterminant f) mot invariable g) mot invariable h) mot
invariable i) mot invariable j) verbe k) mot invariable
l) déterminant m) adjectif n) pronom personnel o) mot invariable
2. a) **Le** (déterminant) **nouvel** (adjectif) ordinateur de **Sophie**
(nom) ne fonctionne plus. b) Les chaises **bleues** (adjectif)
iront (verbe) mieux avec **la** (déterminant) table rouge.
c) La **grande** (adjectif) girafe du **zoo** (nom) impressionne
les (déterminant) visiteurs. d) Luca **déguste** (verbe) **une**
(déterminant) barre **tendre** (adjectif) à la cannelle. e) Les
invités (nom) **arriveront** (verbe) en fin de **journée** (nom).
3. a) pronom possessif b) pronom possessif c) pronom
personnel d) pronom démonstratif
4. a) nullement b) Ainsi c) depuis
Page 72
1. **Noms** : Bianca, Océane, douche, frère, cheveux, remèdes,
déjeuner, céréales **Déterminants** : le, le, trois, son, une, une,
un, l' **Adjectifs** : affreuse, préférée, bonne, noires, chaude,
graisseux, grands, adoré **Verbes** : aurait fait, a débuté,
réparer, avait offerte, était, lavera, dépêche, déteste
Page 73
2. a) pronom personnel b) pronom démonstratif c) pronom
possessif d) pronom possessif e) pronom démonstratif,
pronom démonstratif f) pronom personnel
3. a) Vous b) Elles c) Ils d) Ils e) Nous
4. a) Mon vélo est rouge. Le nôtre est bleu et blanc. b) Ces
fleurs sont belles. Les nôtres sont encore plus belles. c) J'ai
mis mes souliers de course. Natacha a mis les siens.
5. a) temps b) manière c) lieu d) manière e) manière f) temps
g) temps h) lieu i) manière j) lieu k) temps l) lieu
Page 74
6. a) contre b) à droite c) ou d) ensuite e) dans f) beaucoup
g) chez h) comme i) volontiers j) parmi k) toutefois l) pendant
m) tellement n) deuxièmement o) ni p) peu q) sans r) aussi

TEST 9.1
Page 75
1. a) mot invariable b) verbe c) nom d) pronom personnel
e) déterminant f) mot invariable g) mot invariable h) mot
invariable i) mot invariable j) verbe k) mot invariable
l) déterminant m) adjectif n) pronom personnel o) mot
invariable
2. a) La **magnifique** (adjectif) opale qui orne **son**
(déterminant) collier brille d'une lumière vive. b) Le joyeux
gazouillis des oiseaux me **réveille** (verbe) tous **les**
(déterminant) matins. c) Son **cœur** (nom) est habité d'une
grande (adjectif) tristesse depuis le départ de son ami.
d) **Marjolaine** (nom) regarde **les** (déterminant) nuages
blancs dans le ciel. e) **Les** (déterminant) guêpes nous
empêchent (verbe) de manger dehors en paix.
3. a) pronom possessif b) pronom possessif c) pronom
personnel
4. a) doucement b) enfin c) à
Page 76
1. Mot mystère : adverbe
Page 77
2. **Gris** : dessiner, murmurer, regarder, recevoir, rassembler,
chanter, écrire **Rouge** : le, notre, les, une, la **Bleu** : boîte,
bottes, carotte, forfait, poupée **Vert** : gentil, douce, heureuse,
bleu
Page 78
3. a) ils : pronom personnel b) le nôtre : pronom possessif
c) celui : pronom démonstratif d) le sien : pronom possessif
e) ceux-ci : pronom démonstratif f) nous : pronom personnel
g) le vôtre : pronom possessif h) je : pronom personnel
i) celui-là : pronom démonstratif

TEST 10

La ponctuation

Le point est le signe de ponctuation dont on se sert pour indiquer la fin d'une phrase déclarative ou impérative.

Le point d'interrogation est le signe de ponctuation dont on
se sert pour indiquer la fin d'une phrase interrogative.

Le point d'exclamation est le signe de ponctuation dont on se
sert pour indiquer la fin d'une phrase exclamative.

La virgule est le signe de ponctuation dont on se sert pour
séparer les éléments d'une énumération ou isoler un mot ou un
groupe de mots.

Les deux points servent à introduire une énumération, une
explication ou des paroles rapportées.

Les guillemets servent à encadrer les paroles rapportées ou une
citation. En français on utilise les guillemets en chevron « » alors
qu'en anglais on utilise ''.

Le tiret sert à distinguer les différentes répliques d'un
dialogue.

Onomatopée
Jeu de sonorité qui consiste à utiliser un mot pour évoquer un
bruit particulier.
    Coin coin (cri du canard)
    Badaboum ! (objet qui tombe)

Page 79
1. b) Ma mère, Anne, a reçu un manteau pour son
anniversaire. c) Alicia a acheté des pommes, des bananes,
des oranges et des kiwis. e) Jamal veut des pantalons, des
chaussettes, des chemises, etc. h) Quelle belle journée !
i) Le chauffeur nous a dit : « Ne restez pas debout. »
2. Réponses variables selon l'ouvrage choisi.
3. a) dormir b) éternuer c) sonner à la porte d) cri du chat
e) téléphone f) pleurer
4. a) cheval b) poule
Page 80
1. a) Pour aller à la chasse, Antoine a besoin d'un permis.
b) « Stéphanie, attendez-moi dehors. » c) Le téléphone, la
télévision et le grille-pain ne fonctionnent plus. d) Nous avons
décidé, mes amis et moi, d'aller faire une randonnée.
2. a) Quelle belle voiture rouge vous avez, mon ami ! b) Sarah,
voulez-vous du thé et des scones avec de la confiture ? c) Le
professeur nous a dit : « N'oubliez pas de faire vos devoirs. »
d) J'ai écouté attentivement les consignes données par l'agent
de bord. e) Arthur a acheté des skis, des bottes, des mitaines
et un foulard.
3. a) point b) virgule c) point d'interrogation d) point
d'exclamation e) deux-points f) tiret g) guillemets
4. **E**st-ce que tu sais quoi faire si une guêpe te pique ? **Il** y a
peu de choses à faire sauf si tu es allergique. **D**ans ce cas, il
faut s'administrer les médicaments requis et se rendre à
l'hôpital. **A**utrement, on extrait le dard sans presser la poche
de venin et on applique de la glace durant 20 minutes toutes
les deux heures.
Page 81
5. a) gouttelette : n. f. Petite goutte d'un liquide.
b) materner : v. Traiter quelqu'un de façon maternelle.
c) alors : adv. À ce moment, à cette époque.
d) brouet : n. m. Bouillon, potage.
e) héliciculteur : n. m. Personne qui pratique l'élevage des
escargots. f) maya : adj. Relatif à une civilisation
précolombienne d'Amérique centrale.
6. a) *pianissimo* : Tout doucement. b) *rollmops* : Filet de
hareng mariné au vinaigre. c) *hardes* : Vêtements pauvres
et usagés. d) *triplex* : Appartement disposé sur trois étages.
e) *cavalcade* : Chevauchée animée. f) *zizanie* : Discorde, dispute.
Page 82
7. a) douleur b) éternuement c) explosion d) chute e) sonnette
f) téléphone g) boire h) horloge i) frapper à la porte
8. Il pleure dans mon cœur/Comme il pleut sur la ville ;/Quelle
est cette **langueur**/Qui pénètre mon cœur ?/Ô bruit doux de la
pluie/Par terre et sur les toits !/Pour un cœur qui s'ennuie,/Ô le
chant de la **pluie** !/Il pleut sans raison/Dans ce cœur qui
s'écœure./Quoi ! nulle **trahison** ? .../Ce deuil est sans raison./
C'est bien la pire **peine**/De ne savoir pourquoi/Sans amour et
sans haine/Mon cœur a tant de peine !
9. Réponses au choix.

TEST 10.1
Page 83
1. a) Pour terminer une phrase déclarative. b) Pour séparer
les éléments d'une énumération, pour isoler un mot ou un
groupe de mots. c) Pour terminer une phrase interrogative.
d) Pour introduire une réplique dans un dialogue. e) Pour
terminer une phrase exclamative. f) Pour différencier les
répliques dans un dialogue. g) Pour indiquer le début et la
fin de paroles qu'on rapporte.

2. a) romancer : Présenter sous forme de roman. Ce mot est un verbe. b) roman : récit en prose. Ce mot est un nom. c) romancier : auteur qui fait des romans. Ce mot est un nom. d) romanesque : Qui offre les caractères du roman traditionnel. Ce mot est un adjectif ou un nom.
3. Ils sont tous de la même famille.
4. a) hi-han b) meuh c) cot cot d) wouf e) miaou f) bêêê
5. a) escrime b) piano

Page 84
1. a) meule : Cylindre plat et massif, servant à broyer, à moudre. b) pécheur : Personne qui est dans l'état de péché, qui commet habituellement de graves péchés. c) avare : Qui a la passion des richesses et se complaît à les amasser sans cesse. d) pressurer : Tirer de (quelqu'un, quelque chose) tout ce qu'on peut. e) roide : Qui ne se laisse pas plier, manque de souplesse. f) aigre : Plein d'aigreur. (Aigreur : Mauvaise humeur se traduisant par des remarques désobligeantes ou fielleuses.) g) constamment : D'une manière constante, continuelle. h) caniculaire : De la canicule (Canicule : Époque de grande chaleur.). i) ardeur : Chaleur vive. j) rigoureux : Dur à supporter, pénible, cruel. k) âpre : Qui a une rudesse désagréable. l) inexorable : Dont on ne peut tempérer la rigueur. m) giboulée : Pluie soudaine, quelquefois accompagnée de vent, de grêle ou même de neige, et bientôt suivie d'une éclaircie.

Page 85
2. a) lac b) sécateur c) écran d) Cendrillon e) lave-vaisselle f) chapeau ou manteau g) carré h) pyjama i) Méditerranée ou Égée j) Manitoba ou Alberta k) États-Unis
3. Réponse au choix.

Page 86
4. a) Vous savez dit-elle je ne pourrai pas venir. <u>Vous savez, dit-elle, je ne pourrai pas venir.</u> b) Tu auras, dans dix jours, le résultat de tes examens. <u>Tu auras dans dix jours, le résultat de tes examens.</u> c) <u>Yannick saura, s'il continue à étudier, la table de neuf.</u> Yannick saura s'il continue à étudier la table de neuf. d) Madame Tremblay la directrice de l'école vous adressera un mot. <u>Madame Tremblay, la directrice de l'école, vous adressera un mot.</u> e) À la prochaine rencontre Suzanne vous donnera l'horaire des matchs. <u>À la prochaine rencontre, Suzanne vous donnera l'horaire des matchs.</u> f) <u>Isaac, lui, saura quoi faire dans ce cas.</u> Isaac lui, saura quoi faire dans ce cas. g) En ce qui me concerne ce sujet ne m'intéresse pas. <u>En ce qui me concerne, ce sujet ne m'intéresse pas.</u> h) <u>Si nous voulons, nous pouvons réussir.</u> Si nous voulons nous pouvons réussir. i) Toi tu ne pourras pas participer au tirage. <u>Toi, tu ne pourras pas participer au tirage.</u> j) Jamal déteste les guêpes, les araignées, et les fourmis. <u>Jamal déteste les guêpes, les araignées et les fourmis.</u> k) Joëlle voulait partir en voyage mais elle n'avait pas reçu son passeport. <u>Joëlle voulait partir en voyage, mais elle n'avait pas reçu son passeport.</u>
5. a) As-tu vu le coucher de soleil hier soir **?** b) Quel dommage d'avoir raté votre avion **!** c) Le dentiste a dit **:** «Brossez-vous les dents après chaque repas.» d) Julia a-t-elle répondu correctement à la question **?** e) L'otarie séduit le public par ses drôles de jeux **.** f) J'ai trouvé le numéro de téléphone de mon ami dans l'annuaire **.** g) Raïcha a mis dans son sac d'école ses crayons **,** sa règle **,** sa calculatrice et ses livres **.**

TEST 11

Homophone
Mot qui se prononce de la même façon qu'un autre mot, mais qui a un sens différent.
> **Son** père et sa mère **sont** en vacances.
> *Il mange une tranche de **pain** sous le **pin** parasol.*
Voici quelques homophones qui portent à confusion :

▶ *a et à*
  a → verbe *avoir* → On peut le remplacer par *avait*.
   Exemple : Il *a* mangé. Il *avait* mangé.
  à → préposition → **On ne peut pas** le remplacer par *avait*.
   Exemple : Elle est *à* l'hôpital. Elle est *avait* l'hôpital.

▶ *ça et sa*
  ça → pronom démonstratif → On peut le remplacer par *cela*.
   Exemple : *Ça* ne fonctionne pas. *Cela* ne fonctionne pas.
  sa → déterminant possessif → On peut le remplacer par *la*.
   Exemple : *Sa* robe est sale. *La* robe est sale.

▶ *ce et se*
  ce → déterminant démonstratif → On peut le remplacer par *le*.
   Exemple : *Ce* chat est roux. *Le* chat est roux.
  ce → pronom démonstratif → On peut le remplacer par *cela*.
   Exemple : *Ce* sera facile. *Cela* sera facile.
  se → pronom personnel → **On ne peut pas** le remplacer par *un* ou *cela*.
   Exemple : Il *se* sent bien. Il *un* sent bien. Il *cela* sent bien.

▶ *ces, ses, c'est, s'est*
  ces → déterminant démonstratif → On peut ajouter *là* après.
   Exemple : *Ces* pommes sont bonnes. *Ces* pommes *là* sont bonnes.
  ses → déterminant possessif → On peut ajouter *à lui* ou *à elle* après le nom.
   Exemple : Il a perdu *ses* lunettes. Il a perdu *ses* lunettes *à lui*.
  c'est → déterminant démonstratif (c' = ce) + verbe *être* (est) → on peut le remplacer par *cela est*.
   Exemple : *C'est* bon. *Cela est* bon.
  s'est → pronom (s' = se) + verbe *être* (est) → On peut le remplacer par *s'était*.
   Exemple : Marie *s'est* perdue. Marie *s'était* perdue.

▶ *la, l'a, là*
  la → déterminant → On peut le remplacer par *un* ou *une*.
   Exemple : Marie mange *la* tarte. Marie mange *une* tarte.
  l'a → pronom (l' = le) + verbe *avoir* (a) → On peut le remplacer par *l'avait*.
   Exemple : Elle *l'a* perdu. Elle *l'avait* perdu.
  là → adverbe → On peut le remplacer par *ici*.
   Exemple : Il n'était pas *là*. Il n'était pas *ici*.

▶ **leur, leur, leurs**

leur → déterminant possessif singulier → On peut le remplacer par *un* ou *une*.
> Exemple : Ils ont vendu *leur* auto. Ils ont vendu *une* auto.

leurs → déterminant possessif pluriel → On peut le remplacer par *des*.
> Exemple : Ils ont vendu *leurs* bonbons. Ils ont vendu *des* bonbons.

leur → pronom personnel → On peut le remplacer par *lui*.
> Exemple : Marie *leur* a vendu des bonbons. Marie *lui* a vendu des bonbons.

▶ **ma et m'a**

ma → déterminant possessif → On peut le remplacer par *un* ou *une*.
> Exemple : *Ma* robe est sale. *Une* robe est sale.

m'a → pronom (m' = me) + *avoir* (a) → On peut le remplacer par *m'avait*.
> Exemple : Elle *m'a* donné des bonbons. Elle *m'avait* donné des bonbons.

▶ **mes et mais**

mes → déterminant possessif → On peut le remplacer par *les*.
> Exemple : *Mes* bonbons sont bons. *Les* bonbons sont bons.

mais → conjonction → **On ne peut pas** le remplacer par *les*.
> Exemple : Il veut des bonbons, *mais* il n'y en a pas. Il veut des bonbons, *les* il n'y en a pas.

▶ **mon et m'ont**

mon → déterminant possessif → On peut le remplacer par *un* ou *une*.
> Exemple : *Mon* frère veut des bonbons. *Un* frère veut des bonbons.

m'ont → pronom (m' = me) + verbe *avoir* (ont) → On peut le remplacer par *m'avaient*.
> Exemple : Ils *m'ont* choisi. Ils *m'avaient* choisi.

▶ **on et ont**

on → pronom personnel → On peut le remplacer par un *prénom*.
> Exemple : *On* ne veut pas de bonbons. *Marie* ne veut pas de bonbon.

ont → verbe avoir → On peut le remplacer par *avaient*.
> Exemple : Mes sœurs *ont* vendu des bonbons. Mes sœurs *avaient* vendu des bonbons.

▶ **ou et où**

ou → conjonction → On peut le remplacer par *et*.
> Exemple : Tu veux des oranges *ou* des pommes. Tu veux des oranges *et* des pommes.

où → adverbe ou pronom relatif → **On ne peut pas** le remplacer par *et*.
> Exemple : *Où* vas-tu ? *Et* vas-tu ?

▶ **son et sont**

son → déterminant possessif → On peut le remplacer par *un* ou *une*.
> Exemple : *Son* frère veut des bonbons. *Un* frère veut des bonbons.

sont → verbe être → On peut le remplacer par *étaient*.
> Exemple : Ils *sont* choisis. Ils *étaient* choisis.

▶ **ta, t'a**

ta → déterminant possessif → On peut le remplacer par *un* ou *une*.
> Exemple : *Ta* robe est sale. *Une* robe est sale.

t'a → pronom (t' = te) + *avoir* (a) → On peut le remplacer par *t'avait*.
> Exemple : Elle *t'a* donné des bonbons. Elle *t'avait* donné des bonbons.

▶ **ton et t'ont**

ton → déterminant possessif → On peut le remplacer par *un* ou *une*.
> Exemple : *Ton* frère veut des bonbons. *Un* frère veut des bonbons.

t'ont → pronom (t' = te) + verbe *avoir* (ont) → On peut le remplacer par *t'avaient*.
> Exemple : Ils *t'ont* choisi. Ils *t'avaient* choisi.

RÈGLES D'ÉCRITURE DES NOMBRES

Les nombres sont appelés déterminants numéraux. Seuls les déterminants numéraux **un**, **vingt** et **cent** sont variables : un siècle, une heure.

Vingt et cent prennent un **-s** quand ils sont multipliés par un nombre et qu'ils ne sont pas suivis d'un autre nombre :
> Deux cents personnes
> Deux cent trois personnes
> Quatre-vingts points
> Quatre-vingt-quatre points

Les nombres composés inférieurs à cent prennent un trait d'union : vingt-sept, quarante-quatre, quatre-vingt-dix-neuf.

Sauf : vingt et un, trente et un, quarante et un, cinquante et un, soixante et un, etc.

Deux cent quatre-vingt-dix-neuf, mille trois cent soixante-sept.

La nouvelle orthographe

Tous les nombres composés sont reliés par des traits d'union : vingt-et-un, trois-cent-cinquante-six, mille-deux-cent-cinquante-six, etc.

MOTS COMPOSÉS

Mots formés de la réunion de deux mots. Ils peuvent être reliés ou non par un trait d'union.

En un seul mot : bienfaisant, bonheur, clairsemé, contrebasse, football, madame, motoneige, paratonnerre, passeport, photocopie, portemanteau, pourboire, survêtement, tournesol, tournevis, etc.

Sans trait d'union : à jamais, à peu près, album à colorier, appareil photo, bande dessinée, chaise longue, château fort, chemin de fer, disque compact, hôtel de ville, machine à coudre, poêle à frire, premier ministre, sac à dos, salle à manger, etc.

Avec trait d'union : abat-jour, après-demain, après-midi, arc-en-ciel, casse-tête, celle-ci, cerf-volant, compte-gouttes, cure-dents, garde-robe, grand-mère, grille-pain, haut-parleur, laissez-passer, lave-vaisselle, oiseau-mouche, passe-partout, pique-nique, porc-épic, porte-fenêtre, rond-point, sous-marin, sous-sol, taille-crayon, etc.

Dans la nouvelle orthographe plusieurs mots ont été soudés.

Exemples : entretemps, extraterrestre, tictac, weekend, portemonnaie, etc.

Pour plus d'informations concernant la nouvelle orthographe, vous pouvez consulter le site Internet suivant : www.nouvelleorthographe.info ou le livre : Connaitre et maitriser la nouvelle orthographe Guide pratique, *Chantal Contant et Romain Muller, Éditions De Champlain, 2009.*

Page 87

1. a) fois b) voie c) poing d) ancre e) dans f) pois g) cette
h) lait i) sont j) mais k) sans l) si

2. a) belle-de-jour b) sans-abri c) sous-marin d) gratte-ciel
e) garde-côte f) casse-tête g) station-service h) rince-bouche
i) trouble-fête j) chauve-souris

3. a) **L**es **F**rançais, les **A**nglais et les **I**taliens parlent
respectivement le français, l'anglais et l'italien. b) **L**e chef
du restaurant africain au coin de la rue s'appelle **B**werani.
c) **L**es **A**llemands ont envahi **P**aris durant la **D**euxième **G**uerre
mondiale.

4. a) vingt et un b) soixante-douze c) quatre-vingt-quatorze
d) cinquante-quatre e) cent trente-trois f) quatre-vingt-six
g) soixante et un h) trente-trois i) vingt-neuf

Page 88

1. a) Mathieu veut régler **ses** comptes tout seul. b) **C'est**
difficile de réussir les épreuves de qualification en ski. c) **Ces**
hommes ne veulent pas se joindre aux autres. d) **Mets** ton
imperméable, car il pleut beaucoup. e) Juliette aurait voulu
jouer aux cartes, **mais** elle n'avait pas de partenaire. f) Il
m'est malheureusement impossible de me joindre à votre
groupe. g) Simon et Louis **t'ont** demandé d'apporter ton
ballon de soccer. h) Mon père et ses amis sont allés pêcher le
thon en haute mer. i) N'oublie pas **ton** livre de mathématique
et **ton** livre de français. j) Alexandra n'**a** pas voulu partager
son goûter. k) Dominic vendait de la limonade **à** ses amis
de l'école. l) Mathilde et Sofia ont visité le **camp** spatial.
m) **Quand** Éliane mange trop, elle a mal au ventre. n) **Où**
conservez-vous les fournitures scolaires supplémentaires ?
o) Roberto se demande s'il doit apporter son dictionnaire
ou sa grammaire.

Page 89

2. a) après-midi b) cerf-volant c) chauve-souris d) chou-fleur
e) porte-clés f) grand-père g) haut-parleur h) sous-sol i) petit-fils

3. a) oiseau-mouche b) tire-bouchon c) tête-à-tête d) arc-en-
ciel e) grand-oncle f) après-midi g) avant-hier h) belle-fille
i) grand-père j) mi-jambe k) ci-joint l) ceux-ci m) hors-la-loi
n) amuse-gueule

4. a) quatre-vingt-huit b) quatre-vingt-onze c) cinquante-deux
d) soixante-six e) dix-neuf f) trente-neuf g) quarante et un
h) quatre-vingt-dix-neuf i) cent vingt-deux

5. a) 102 b) 999 c) 79 d) 181 e) 2000 f) 835

Page 90

6. a) Guinée b) Gisèle c) girafe d) gâteau e) gentil f) Guadeloupe
g) Gaston h) gorille i) géométrie j) Guatemala k) gauche l) grelot

7. **T**oute la famille met la main à la pâte pour les préparatifs
du départ. **S**téphanie fait sa valise toute seule pour la première fois. **E**lle est un peu stressée. **E**lle a peur d'oublier des
choses. **S**on frère, **A**ntoine, doit vérifier si tout ce qui est sur
sa liste est bien dans la voiture. **C**'est lui qui est en charge de
l'équipement pour le camping. **D**emain matin, la famille part
pour la **V**irginie. **C**'est la première fois que **S**téphanie va aux
États-**U**nis. **E**lle a vraiment hâte. **I**ls arrêteront à **W**ashington
pour visiter le **S**mithsonian **I**nstitute en allant et en revenant,
ils feront un arrêt de deux jours pour visiter la ville de **N**ew
York. **S**téphanie rêve de vivre dans cette ville et de devenir
une vraie **N**ew-**Y**orkaise. **U**n jour, peut-être. **E**n attendant,
elle vit au **Q**uébec et est une jeune **Q**uébécoise qui doit se
dépêcher de finir ce qu'elle a à faire.

Elle est un peu distraite. **E**lle revoit les images du livre qu'elle
a lu sur la **V**irginie. **E**lle se fera dorer au soleil sur une belle
plage de sable blond. **E**lle ira faire une excursion en mer pour

observer les dauphins. **E**lle a tellement hâte qu'elle se
demande si elle arrivera à dormir cette nuit.

TEST 11.1
Page 91

1. a) air b) mère c) filtre d) coup e) verre f) menthe g) chant
h) chaîne i) ces j) chère k) pain l) son

2. a) porte-fenêtre b) soi-disant c) portefeuille d) bonhomme
e) laissez-passer f) madame g) sage-femme h) paratonnerre
i) pourboire j) perce-neige

3. a) **M**on amie **M**aria est italienne. **E**lle vient de **V**enise.
b) **N**awel est née en **A**lgérie, mais elle vit au **Q**uébec depuis
longtemps. c) **Y**ves et **M**athieu ont visité **T**rois-**R**ivières l'été
dernier.

4. a) cinquante-deux b) trente-quatre c) vingt d) quatre-
vingt-dix-neuf e) vingt-quatre f) quarante-sept g) quatre-vingt-
neuf h) quatre-vingt-deux i) trente-six

Page 92

1. a) Martine a reçu un **coup** sur la tête. b) Carla s'est étirée
le **cou** pour mieux voir. c) Mon grand-père a planté un **pin**
devant la maison. d) Caroline a acheté du **pain** à la boulangerie. e) Ma **mère** a planté plusieurs rosiers dans la cour
arrière. f) La **mer** était vraiment trop agitée pour faire de la
voile. g) L'immense bateau de croisière a levé l'**ancre** hier
matin. h) Je n'ai plus d'**encre** dans mon imprimante. i) La
chanteuse du groupe de mon frère a vraiment une belle **voix**.
j) Peu de voitures circulaient sur la **voie** rapide ce matin.
k) **Cette** femme a travaillé à la même station de radio que
ma mère. l) Mon père me lisait *Blanche-Neige et les* **sept**
nains tous les soirs. m) Le dentiste m'a arraché une **dent** de
sagesse hier matin. n) Toute la famille était entassée **dans**
une minuscule voiture.

Page 93

2. a) Patrice et Sébastien **ont** chanté une chanson au
spectacle de Noël. b) **On** ne pouvait plus retrouver le chemin
qui menait au refuge.

3. a) Mariane et Catherine iront à Baie-Comeau **ou** à Sept-
Îles pour les vacances. b) Le trésor est caché là **où** le pirate a
planté un cocotier et une fougère.

4. a) L'équipe de basketball et l'entraîneur **m'ont** donné un
ballon de la NBA. b) **Mon** amie Anne-Sophie est allée voir un
spectacle d'Avril Lavigne à Toronto.

5. a) Il **m'est** arrivé une aventure extraordinaire que je vous
raconterai demain. b) Marie-Ève et Simon-Pierre ne seront
pas là, **mais** ils enverront une note. c) **Mes** cousins et mes
cousines viendront tous nous visiter à Pâques.

6. a) Olivia a perdu **son** lecteur MP3 que je lui avais donné
pour son anniversaire. b) Robert a vendu **son** cheval à une
future athlète olympique.

7. a) Hedwige a donné **sa** plus belle robe à son amie
Francesca. b) Toutes les filles de la bande étaient convaincues
que **ça** ne marcherait pas.

8. a) Benjamin **a** souhaité bonne chance à son père et à sa
mère. b) Thierry ne veut pas aller **à** San Francisco durant la
semaine de relâche.

Page 94

9. **M**omo, le cheval, s'est enfui au galop pour aller rejoindre
son jumeau qui broute près du ruisseau. **U**n oiseau est perché
sur son épaule et lui picore la peau. **L**es deux frères ont chaud.
Ils sautent par-dessus la barrière et vont rejoindre le taureau,
le saumon rose et l'agneau qui se rafraîchissent dans l'eau.
Vite, il faut rentrer, un orage approche. **A**ussitôt, ils se sauvent
au trot pour se mettre à l'abri au château.

Jacinthe, je voulais te remercier de m'avoir accueillie chez toi, à **B**romont, la fin de semaine dernière. **J**e me rappellerai toujours ma promenade sur ta jument **B**elle. **T**on chien **M**ax m'a fait beaucoup rire lorsqu'il a voulu mordre **C**annelle, ton cheval.

Durant mon trajet de retour vers **T**rois-**R**ivières, j'ai parlé avec une fille qui s'appelle **P**auline. **E**lle étudie à l'**U**niversité de **M**ontréal en médecine. **C**'était très intéressant. **J**e me demande bien ce que j'aimerais faire plus tard.

J'attends de tes nouvelles !

10. a) trente-neuf b) cinquante c) soixante et onze

11. Réponses au choix.

TEST 12

Le sens propre
Un mot peut avoir différents sens selon le contexte dans lequel il est employé. Le sens propre s'oppose au sens figuré.

Le sens figuré
Un mot peut avoir différent sens selon le contexte dans lequel il est employé. Lorsque le mot est utilisé pour créer une image, on dit que son sens est figuré.

   Exemple : Il est tombé dans les pommes. (Sens figuré)
   Il est tombé de son cheval. (Sens propre)

Les anglicismes
Mots ou expressions empruntés à l'anglais. Certains anglicismes sont acceptés comme hot-dog, jogging, short, cowboy. D'autres sont incorrects et ne doivent pas être utilisés :

   *Un **bicycle** pour une bicyclette ou un vélo.*
   *J'ai **downloadé** de la musique pour télécharger.*
   ***Prendre une marche** pour faire une marche.*
   *Une **liqueur** pour une boisson gazeuse.*

Page 95
1. a) Faire tout son possible. b) Gaffer. c) Être enroué.
d) Il faut faire attention pour ne pas être entendu des autres.
e) Ne s'apercevoir de rien. f) Être vraiment heureux. g) Être mort et enterré. h) Il ne faut pas promettre quelque chose que nous n'avons pas encore. i) Ne pas se sentir bien.
2. a) Célina est allée faire une promenade. b) Benjamin a farté ses skis. c) Félix a un rendez-vous chez le dentiste.
d) Marie-Hélène fait ses devoirs chaque soir. e) J'ai mis deux tranches de pain dans le grille-pain. f) Rosalie et Véronique ont clavardé toute la soirée.
3. a) Lorsque la personne responsable de l'autorité est absente, les personnes sous sa responsabilité en profitent pour faire des mauvais coups. b) Plus on en a, plus on en veut. c) On craint même l'apparence d'une chose qui nous a déjà blessé.
d) On n'arrive pas à un résultat sans peine et sans sacrifices.

Page 96
1. a) C'est le dernier événement d'une série qui fait que la situation explose. b) Elle se sent très à l'aise. c) Il dépense beaucoup et inutilement. d) Elle a perdu connaissance. e) Elle est très petite. f) Il a avalé beaucoup d'eau. g) Il a autre chose à faire. h) Il parle beaucoup. i) Elle parle beaucoup. j) Il s'est trompé. k) Il ne se sent pas bien. l) Elle ne voit que le beau côté des choses. m) Il ne voulait pas parler. n) Elle se doutait bien qui avait fait le coup.

Page 97
2. a) Le bumper du camion du livreur de meubles est abîmé. Le pare-chocs du camion du livreur de meubles est abîmé.
b) Julie a acheté du dentifrice à la pharmacie. Julie a acheté de la pâte à dents à la pharmacie. c) Émile a eu un bon discount sur mes vêtements. Émile a eu un bon rabais sur mes vêtements. d) Les élèves ont donné une bonne main d'applaudissement à la directrice. Les élèves ont applaudi à tout rompre la directrice. e) Sophie a remplacé les piles dans son lecteur MP3. Sophie a remplacé les batteries dans son lecteur MP3. f) Marguerite a retourné un appel téléphonique. Marguerite a fait un appel téléphonique. g) Ils servaient des boissons au restaurant. Ils servaient des breuvages au restaurant. h) Le spectacle de fin d'année était full cool. Le spectacle de fin d'année était vraiment bon. i) Marc-Antoine et Jean-Christophe ont pris leur bicyclette pour aller à l'école. Marc-Antoine et Jean-Christophe ont pris leur bicycle pour aller à l'école. j) Nous supportons l'équipe de football de notre école. Nous encourageons l'équipe de football de notre école. k) À date, tout va bien. Jusqu'à maintenant, tout va bien. l) Mon oncle a un abonnement au théâtre du Bois. Mon oncle a des billets de saison au théâtre du Bois. m) Nous avons acheté des livres pour une chanson. Nous avons acheté des livres pour une bouchée de pain. n) Les élèves ont posé une question. Les élèves ont demandé une question. o) Félix a kické très fort le ballon. Félix a frappé très fort le ballon. p) Le gardien était loin de son but quand l'équipe adverse a compté. Le gardien était loin de son goal quand l'équipe adverse a compté.

Page 98
3. a) 15 b) 3 c) 9 d) 11 e) 2 f) 8 g) 7 h) 13
i) 14 j) 4 k) 5 l) 6 m) 10 n) 1 o) 12

TEST 12.1
Page 99
1. a) Être distrait. b) Prendre plus de nourriture que ce qu'on peut manger. c) Manger à outrance. d) Mourir. e) Avoir des pensées négatives. f) Être triste.
2. a) Je ne trouve plus **la télécommande**. b) **L'entraîneur** était content de notre victoire. c) Je n'ai pas de **monnaie** pour 10 $. d) Justine a **lancé** la balle dans le champ.
e) Il faut **un ballon** pour jouer au soccer.
3. a) Lentement on se rend à notre but. b) La chose ne vaut pas la peine qu'on se donne pour l'obtenir.
c) Le châtiment doit être identique à la faute. d) Plus il y a de monde, plus on a de plaisir. e) Celui qui quitte sa place doit s'attendre à la voir prise à son retour. f) Pour rester amis, il faut s'acquitter exactement de ce que l'on doit l'un à l'autre. g) Il ne faut pas se fier aux apparences. h) Ne pas élever d'objection, c'est donner son accord.

Page 100
1. a) Se ressembler comme deux gouttes d'eau. b) Avoir le cœur sur la main. c) Prendre le taureau par les cornes.
d) Être suspendu aux lèvres de quelqu'un. e) Jeter l'argent par les fenêtres. f) Avoir le feu au derrière.
2. a) Josiane avait une dent contre Sébastien. Josiane avait mal aux dents. b) Amy a un petit nez. Amy m'a ri au nez.
c) Mario n'en fait qu'à sa tête. Mario a mal à la tête. d) Valérie avait l'impression que le temps lui filait entre les doigts. Valérie s'est cassé un doigt. e) Pascal s'est lavé les mains. Pascal s'est fait prendre la main dans le sac.

Page 101
3. a) Ma tante est le nouveau **patron** à l'usine de carton.
b) Léon s'est fait arrêter par **un policier**. c) Le spectacle de danse a été **annulé**. d) J'ai rencontré le chanteur pendant **l'entracte**. e) Le joueur de **batterie** était vraiment bon.

f) Richard s'est acheté un **baladeur**. g) Marjolaine a **ajouté** toutes les adresses de son amie dans son carnet. h) Nous **encourageons** l'équipe de soccer de notre école. i) J'ai demandé à ma mère de **venir me reconduire**. j) Jean-Marc est mon grand **ami**. k) J'ai vu un super bon **spectacle** hier soir. l) Les vis de la roue étaient **lâches**. m) Cette chanson est vraiment **bonne**. n) Mon père cherche la **télécommande** partout.

Page 102

4. a) 3 b) 12 c) 8 d) 13 e) 4 f) 14 g) 1 h) 16 i) 10 j) 2 k) 6 l) 5 m) 11 n) 7 o) 9 p) 15

TEST 13

Stratégies de lecture

J'identifie les mots nouveaux en combinant plusieurs sources d'information: en les surlignant ou les encerclant en cherchant des mots de même famille dans le texte, en cherchant des illustrations ou des schémas.

Je repère les mots porteurs de sens: en soulignant ou encerclant les noms (sujets ou compléments), les verbes (actions), les adjectifs et les adverbes qui sont essentiel à la compréhension.

Je précise mon intention de lecture et je la garde à l'esprit: en déterminant le genre de texte, récit (qui raconte), description (qui décrit), explication (qui explique), etc. en identifiant la raison pour laquelle je lis, en déterminant la tâche à accomplir par la suite.

J'explore la structure du texte pour orienter la recherche de sens: en examinant le schéma du type de texte présenté (récit en cinq temps pour un texte qui raconte: introduction, développement et conclusion pour un texte qui informe), en repérant les marques de dialogue, en lisant les titres et les sous-titres et les intertitres.

Je survole le texte pour connaître son sujet: en lisant la jaquette du livre, la première couverture, le titre et les sous-titres, les illustrations et les diagrammes, la table des matières, le glossaire, les mots qui sont soulignés ou mis en caractères gras, les encarts, l'introduction ou les premières lignes du texte.

Je formule des hypothèses et les réajuste au fur et à mesure: en lisant un chapitre ou une section à la fois, en prenant une pause pour imaginer la suite, en activant mes connaissances antérieures, en comparant avec des textes appartenant au même genre.

Je me sers du contexte pour donner du sens aux expressions figées ou aux proverbes: en décrivant les émotions et sentiments éprouvés, en faisant des liens entre des mots et des images, en repérant des indices (adjectifs, verbes, adverbes).

J'évoque les liens établis par les connecteurs ou marqueurs de relation rencontrés dans le texte: un surlignant les connecteurs et en précisant leur raison d'être (pour marquer une séquence, pour exprimer la cause ou la conséquence, pour comparer, pour coordonner deux informations), en les reliant par des flèches selon le rapport qui peut être établi entre eux, en les associant aux étapes du récit en cinq temps ou du texte courant.

Je regroupe les éléments d'information éloignés les uns des autres: en découpant le texte pour en regrouper les catégories d'information, en surlignant de la même couleur les informations semblables, en remplissant un tableau un tableau ou un diagramme, en numérotant les informations, etc.

J'infère les éléments d'information implicites à partir de divers indices: en trouvant une signification qui n'est pas énoncée clairement, mais qui est sous-entendue par l'auteur, en faisant des liens (par exemple, inférer qu'un personnage est anxieux parce qu'il tremble et qu'il a mal au cœur), en tirant des conclusions (par exemple, inférer qu'un personnage a été capturé parce qu'il ne s'est pas présenté à un rendez-vous) en ajoutant les informations manquantes.

Je retiens l'essentiel de l'information recueillie dans le texte: en résumant le contenu du texte, en prenant des notes, en remplissant des fiches de lecture, en surlignant les informations qui semblent importantes, en reformulant l'idée principale de chaque paragraphe ou section, en annotant dans la marge, en écrivant les mots-clés, en relisant une seconde fois les passages importants ou intéressants.

Je surmonte les obstacles de compréhension par la poursuite de la lecture, des retours en arrière, la relecture d'un mot, d'une phrase, la reformulation intérieure, le questionnement du texte, l'ajustement de ma vitesse de lecture, la consultation d'outils de référence, le recours aux illustrations, aux schémas et aux graphiques avec mes pairs.

Pages 103-110

1. a) Antoine Bouet. b) À Saint-François, à l'île d'Orléans. c) Antoine Bouet, Ambroise Campagna. d) Du rhum. e) Argentenay. f) Il ne croyait pas aux loups-garous, il riait des revenants, il se moquait des sorts. g) Un moulin. h) Son frère Thomas. i) Il lui a donné un coup de pied au derrière. j) Le moulin a cessé de fonctionner. k) Non. l) Molles comme de la laine. m) À la belle étoile. n) Des bruits de chaînes, des gémissements et des cris étouffés. o) Huit jours. p) Il faisait trop mauvais. q) Un loup-garou. r) Un bout d'oreille. s) Oui. t) C'est un humain qui se transforme en loup la nuit venue. u) Il est devenu fou.

TEST 14
Pages 111-114

1. a) En Algérie. b) Parce qu'il était dans un pays nouveau, à cause de l'agitation du voyage, des aboiements des chacals et de la chaleur. c) Lourde, lentement remuée, frangée aux bords de noir et de rose, flottait dans l'air comme un nuage de poudre sur un champ de bataille. d) Orangers, mandariniers, bananiers. e) De Bourgogne (bourguignonne ou française), kabyle, mahonnaise, maltaise, lucquoise. f) Des carpes, des truites, du sanglier, du hérisson, le beurre de Staouéli, les vins de Crescia, des goyaves, des bananes. g) Pour éloigner les sauterelles, les empêcher de descendre. h) La grosseur d'un doigt. i) Ils les brûlaient. j) Tous les plans d'eau étaient remplis de criquets. k) Plus une fleur, plus un brin d'herbe, tout était noir, rongé, calciné. Les bananiers, les abricotiers, les pêchers, les mandariniers se reconnaissaient seulement à l'allure de leurs branches dépouillées, sans le charme, le flottant de la feuille qui est la vie de l'arbre. l) Pour détruire les œufs de criquets. m) et n) Réponses au choix.

TEST 14.1
Pages 115-118

1. a) Cent mètres. b) Un rosier. c) Quelques oliviers, un carré de blé et un cordon de vigne. d) Il semait des fleurs de jardin. e) Le père Noé. f) Parce qu'il aimait les animaux. g) Pour que les oiseaux puissent s'en nourrir. h) Oui. i) D'un second paradis terrestre où vivaient heureuses, en pleine liberté, toutes les bestioles de la création. j) Du miel sauvage ou du miel d'ours. k) Du vin cuit. l) Ils meurent. m) Des milliers.

n) Le père Noé avait donné commission à un merle d'aller publier par toute la contrée que la table était mise chez un vieux fou qui va partir et qui a du blé de reste. o) Réponse au choix. p) Tuf : roche de porosité élevée et de faible densité. Pâtre : berger. Muscat : variété de raisin. Méteil : seigle et froment mêlés qu'on sème et récolte ensemble. Mante : manteau de femme. Chaume : tige des céréales.

TESTS 15 et 15.1

S'autocorriger

Je lis mon texte phrase par phrase et je m'assure qu'elles contiennent les deux constituants obligatoires : le groupe sujet et le groupe du verbe.

J'élimine toutes les répétitions inutiles. J'utilise des synonymes ou des pronoms pour alléger le texte.

Je souligne la majuscule en début de phrase et le signe de ponctuation de la fin de la phrase. Je m'assure d'avoir utilisé le bon signe de ponctuation : le point, le point d'exclamation ou le point d'interrogation.

Je souligne tous les noms en jaune. J'écris au-dessus son genre et son nombre. Je trace une flèche pour relier le nom au déterminant et aux adjectifs qui l'accompagnent. Je vérifie l'accord du pluriel et du féminin.

J'encadre tous les verbes. Je trouve le groupe sujet en posant la question « Qui est-ce qui ? » ou « Qu'est-ce qui ? » Je mets le groupe sujet entre crochets. Je trace une flèche pour relier le verbe au groupe sujet. Je vérifie l'accord des verbes avec leur sujet.

Je porte une attention particulière aux homophones. J'utilise les conseils donnés précédemment pour les différencier.

Pages 119-126

Toutes les réponses sont au choix.

TEST 16
Page 127

1. 1) souvenir 2) dictionnaire 3) imprimante 4) démocratie
5) député 6) toujours 7) jamais 8) concevoir 9) corail
10) étang 11) randonnée 12) soudain 13) habitat 14) brouter
15) naissance 16) gestation 17) cerf 18) vacances
19) fantôme 20) ski 21) rivière 22) interrogation
23) merveilleuse 24) leçon 25) patinoire 26) déterminant
27) adjectif 28) beaucoup 29) extérieur 30) pronom
31) championnat 32) comprendre 33) fier 34) rendez-vous
35) pâtisserie 36) toxique 37) autopsie 38) extinction
39) robustesse 40) hésiter 41) poliment 42) sympathique

Page 128

1. Jean Pépin a vécu il y a presque 150 ans. Bien qu'il ait vécu il y a **longtemps**, les fruits de son travail — le **pommier** — sont toujours avec nous. Il est célèbre pour avoir planté des pommiers dans tout le **pays**. Le vrai nom de Jean Pépin était Jean **Bonhomme**. Les gens l'appelaient Jean Pépin à cause de son amour des pommiers. Jean était un homme simple qui passait **presque** tout son temps seul à la belle **étoile** sous les arbres qu'il aimait tant. Il était l'ami de chacun et de chaque **créature** qu'il a rencontrée. Il semble que les animaux **venaient** vers lui et n'avaient pas peur. Voici quelques **anecdotes** amusantes au sujet de Jean Pépin. Il marchait pieds **nus** la plupart du temps, même quand il faisait froid. Les chaussures étaient difficiles à user à cette époque, mais Jean a tant marché qu'il en aurait sûrement usé plusieurs **paires**. Jean portait un **chaudron** sur la tête au lieu d'un chapeau. En vérité, il l'a

probablement porté sur son dos la plupart du temps. Il était petit et les images qu'on voit de lui le montrent dans des **vêtements** deux fois trop grands pour lui. Jean Pépin préférait marcher au lieu d'aller à cheval. Il semait des pépins de pommes partout où il allait. Selon **certains**, nous n'aurions pas autant de pommes **aujourd'hui** s'il n'avait pas fait tout ce travail, il y a 150 ans. Jean Pépin aimait les **gens** et surtout les enfants. Il leur racontait des histoires et leur en lisait dans la pénombre après le souper. Il semble qu'il était triste de ne pas avoir d'enfant. La prochaine fois que vous mordrez dans une pomme, n'oubliez pas de **murmurer** un merci à Jean Pépin.

Page 129

3. Il était une fois une **femme** très riche. Elle avait de beaux **vêtements** et une grande maison. Elle n'avait pas d'enfant, et cela la rendait très triste. Elle a demandé à un ami : « **Comment** puis-je avoir un enfant ? »

Son ami lui a répondu : « Va chez ta pauvre **voisine**. Elle a douze enfants. Elle et son mari ne peuvent pas **nourrir** tous leurs enfants. Peut-être t'en donnera-t-elle un. Tu es riche. Tu peux nourrir les enfants beaucoup **mieux** qu'elle ne le peut. » La femme riche a demandé à son ami : « **Penses**-tu qu'elle me donnera un enfant ? » Son ami a répondu : « Pourquoi pas ? Donne-lui un sac d'or. Je suis **certain** qu'elle te donnera un enfant. »

Le jour **suivant**, la femme riche a apporté un sac d'or à la petite maison de la pauvre femme. La pauvre femme a été étonnée de la voir. « Entrez et asseyez-vous », a-t-elle dit. Les enfants sont venus à leur mère et ont **gémi**, « Donne-nous à manger, **s'il te plaît** ! Nous avons **faim** ! » La mère a apporté de la soupe au **riz**. La pauvre famille n'avait pas de bol. La mère a versé la soupe dans douze **trous** dans le plancher. Les enfants ont mangé. Alors la mère affamée a bu l'eau qu'ils ont laissée dans les trous. Elle a levé les **yeux** et a dit : « Oh, Dieu ! Donnez-moi s'il vous plaît encore un enfant. **Alors** j'aurai un peu plus d'eau de riz à boire. »

La femme riche les regardait **silencieusement**. Elle était étonnée d'entendre la pauvre femme **souhaiter** encore un enfant. Elle s'est dit : « Cette femme ne me donnera jamais un de ses enfants. » Elle a mis le sac d'or dans la **main** de la pauvre femme et a quitté la petite maison. Elle était triste parce qu'elle n'avait toujours pas d'enfant. Mais, elle avait compris l'**amour** qu'une mère éprouve pour ses enfants.

Page 130

4. Au début de la **création**, le lapin avait de grandes **cornes**. Le **cerf**, lui, n'en avait pas. Il en était si jaloux qu'il a **manigancé** afin d'obtenir lui aussi de **magnifiques** cornes. Le cerf a dit au lapin combien il était **majestueux** et il lui a demandé s'il pouvait emprunter ses cornes, juste pour les essayer et voir si elles lui allaient bien. **Flatté**, le lapin a accepté, **puisque** ce n'était que pour un court moment. Le lapin a déposé ses cornes sur la tête du cerf et le cerf s'est mis à se **pavaner** et à sauter partout en disant qu'il était beau. Il s'est éloigné jusqu'à ce qu'il soit hors de vue. Le lapin s'est inquiété, se rendant finalement compte que le cerf n'allait pas lui rendre ses cornes. Rouge de colère, le lapin s'est plaint au Créateur et a demandé une autre paire de cornes. Le Créateur lui a dit que ce qui avait été fait ne **pouvait** pas être défait. Le lapin **blanc** devait donc vivre sans cornes. Il a alors demandé s'il pouvait être plus grand afin de montrer son **importance** aux autres animaux. Le Créateur a refusé, mais le lapin a **tellement** supplié et geint que le Créateur s'est penché, a saisi les petites oreilles du lapin et les a **étirées**, étirées. C'est **donc** avec ses longues oreilles que le lapin montre **maintenant** son importance.

TEST 16.1
Page 131

1. 1) synonyme 2) oignon 3) alphabétique 4) bâtiment
5) bibliothèque 6) manifester 7) surface 8) mouvement
9) exercer 10) bientôt 11) crêpe 12) gaufre 13) émouvoir
14) yogourt 15) nouveauté 16) tuteur 17) succulent
18) apparent 19) attentionné 20) triomphe 21) cavité
22) relâche 23) authentique 24) cylindre 25) brocoli
26) adresse 27) langage 28) domestique 29) venimeux
30) interminable 31) souhaiter 32) historique 33) égoïsme
34) extraterrestre 35) galaxie 36) cyclope 37) forteresse
38) repas 39) bavard 40) désespoir 41) esprit 42) souvenir

Page 132

1. Il était une fois un petit garçon qui allait parfois aux champs **surveiller** le mouton. S'il voyait un loup, il devait hurler: «Au loup! Au loup!»

Un jour, le petit garçon s'est mis à crier: «Au loup! Au loup!». Son père, ses **frères**, ses **sœurs** et les voisins ont accouru pour chasser le loup. Quand ils sont **arrivés**, le petit garçon se roulait par **terre** en riant.

L'**après-midi** suivant, il s'est remis à crier: «Au loup! Au loup!» **Tous** ont encore accouru pour **chasser** le loup. Quand ils sont arrivés, le petit garçon se roulait par terre en riant. Cette fois, les gens se sont **fâchés** et son père lui dit: «**Mentir** n'est pas bien. Un bon jour, le loup viendra et tu auras vraiment besoin d'aide, mais **personne** ne te croira, car tu auras menti trop **souvent**.»

Son père, ses frères et ses voisins ont décidé de lui donner une bonne **leçon**.

Quelques jours plus tard, un des frères s'est déguisé en loup, a **rampé** derrière un **buisson** et a grondé. Le petit garçon a crié: «Au loup! Au loup!» Le loup se **rapprochait** de plus en plus. Le petit garçon a crié de nouveau: «Au loup! Au loup!» Il a continué à crier, mais personne n'est venu l'aider. Le petit garçon était **certain** que le loup le mangerait. Il est parti en **courant** vers la maison, se jurant que plus **jamais** il ne dirait de mensonge, plus jamais! Et il n'a plus jamais **menti**.

Page 133

3. Il y avait **longtemps** qu'oncle coyote n'avait vu oncle lapin. La **dernière** fois qu'ils s'étaient rencontrés, oncle lapin avait **promis** à oncle coyote qu'il amènerait ses **nièces** chez oncle coyote pour qu'il fasse un **délicieux** ragoût de lapin. Mais ça ne s'est jamais produit. Depuis, oncle coyote avait voulu prendre oncle lapin au **dépourvu** et l'obliger à tenir sa **promesse**.

Un jour, oncle coyote a vu oncle lapin **s'appuyer** contre un gros rocher en admirant les **canyons** qui séparaient la forêt de la forêt dense. Oncle coyote s'est glissé derrière lui et a dit: «Cette fois, vous ne vous **échapperez** pas, oncle lapin.» «Pourquoi dites-vous ça?» a demandé oncle lapin. «Parce que la dernière fois que je vous ai vu, vous avez promis de m'amener vos nièces pour faire un bon ragoût de lapin.» «Mais je les ai amenées, a dit oncle lapin, je suis allé les **chercher**, mais quand je suis revenu avec elles, vous n'étiez plus **là**. Je peux les amener ici tout de suite si vous le voulez, mais vous devrez d'abord m'aider.» «Vous aider? Et à faire quoi?» a demandé oncle coyote. Oncle lapin a répondu: «Je suis ici depuis **plusieurs** jours à tenir ce rocher. Si je le lâche, ce sera la fin du monde. De plus, comme vous pouvez le voir, je n'ai pas pu **manger** et je suis de plus en plus faible.» «Allez, a dit oncle coyote. Allez manger quelque chose et ensuite, amenez-moi vos nièces. J'attendrai ici et je retiendrai le gros rocher pour vous.» «Merci **beaucoup**, a répondu oncle lapin. Maintenant, venez ici, juste à côté de moi, oncle coyote, et appuyez-vous contre ce gros rocher. Je vais me déplacer petit à petit et vous pourrez prendre ma place et le tenir comme je le fais.» Oncle coyote a fait comme le **suggérait** oncle lapin. «Il me semble que je tiens le rocher maintenant», a dit oncle coyote. «Très bien, a fait oncle lapin, je serai bientôt de **retour**.»

Les heures ont passé, les jours ont passé jusqu'à ce que, **finalement**, oncle coyote ne pouvant plus tenir ses bras levés plus longtemps, les a laissés tomber. À sa surprise, rien ne s'est passé; le monde ne s'est pas effondré. Oncle coyote s'est dit: «Encore une fois, ce brillant lapin m'a dupé, mais la prochaine fois, il ne me dupera pas.»

Page 134

4. Il était une fois une **basse-cour** remplie de bonnes grosses volailles à plumes **picorant** et placotant.

Puis est venu un renard rusé qui s'est dit: «Oh oh! Voilà pour ce soir un **excellent** repas de volailles bien grasses.» «Salut mes jolies volailles bien grasses, a fait le renard rusé. Je vais vous manger pour **dîner** ce soir.» «Oh, s'il vous plaît, ne nous mangez pas», ont supplié les poules. «Laissez-nous **retourner** dans notre grange», ont dit les canards.

«Malheureusement, je ne crois pas pouvoir faire ça, a dit le renard rusé. Je vous mangerai tous, un par un.» «Oh mon Dieu, mon Dieu, mon Dieu!» ont dit les oies. «C'est très dur pour nous de **mourir** ainsi, ont dit les dindes. Ne nous laisseriez-vous pas faire une dernière chose avant de nous manger?» «Oui, a repris le **coq**. Laissez-nous juste un dernier **souhait**. Ensuite, nous nous mettrons en file et vous nous enfilerez dans votre estomac.» «Quel est ce souhait?» a demandé le renard rusé. «Laissez-nous, s'il vous plaît, **prier** avant que vous nous mangiez», ont proposé les poules. «S'il vous plaît», ont dit les canards. «Très bien, a dit le renard rusé. Je vous **accorderai** juste un souhait, mais faites vite. J'ai très faim».

Toutes les belles volailles **grasses** se sont mises à prier. «Vous faites trop de bruit, a dit le renard rusé. Priez plus silencieusement.» Mais les belles volailles grasses ont prié plus fort. «J'ai dit plus **silencieusement**, pas plus fort!» a crié le renard rusé, qui commençait à perdre patience. Mais les poules, les canards, les oies, les dindes et le coq ont prié de leur voix la plus forte.

La **prière** était si forte que le **fermier** est aussitôt sorti pour voir ce qui se passait. Quand il a **aperçu** le renard rusé, il a saisi son arme à feu et a couru à la basse-cour pour protéger ses volailles, tirant tout en courant. Le renard rusé s'est enfui vers les **champs**, courant plus vite que les balles du fermier.

Quelques différences entre l'ancienne et la nouvelle grammaire

L'ancienne grammaire	La nouvelle grammaire
Adjectif démonstratif	Déterminant démonstratif
Adjectif exclamatif	Déterminant exclamatif
Adjectif indéfini	Déterminant indéfini
Adjectif interrogatif	Déterminant interrogatif
Adjectif numéral	Déterminant numéral
Adjectif possessif	Déterminant possessif
Adjectif qualificatif	Adjectif
Article	Déterminant
Attribut	Attribut du sujet
Complément circonstanciel	Complément de phrase
Complément d'objet direct	Complément direct
Complément d'objet indirect	Complément indirect
Épithète	Complément du nom
Verbe d'état	Verbe attributif